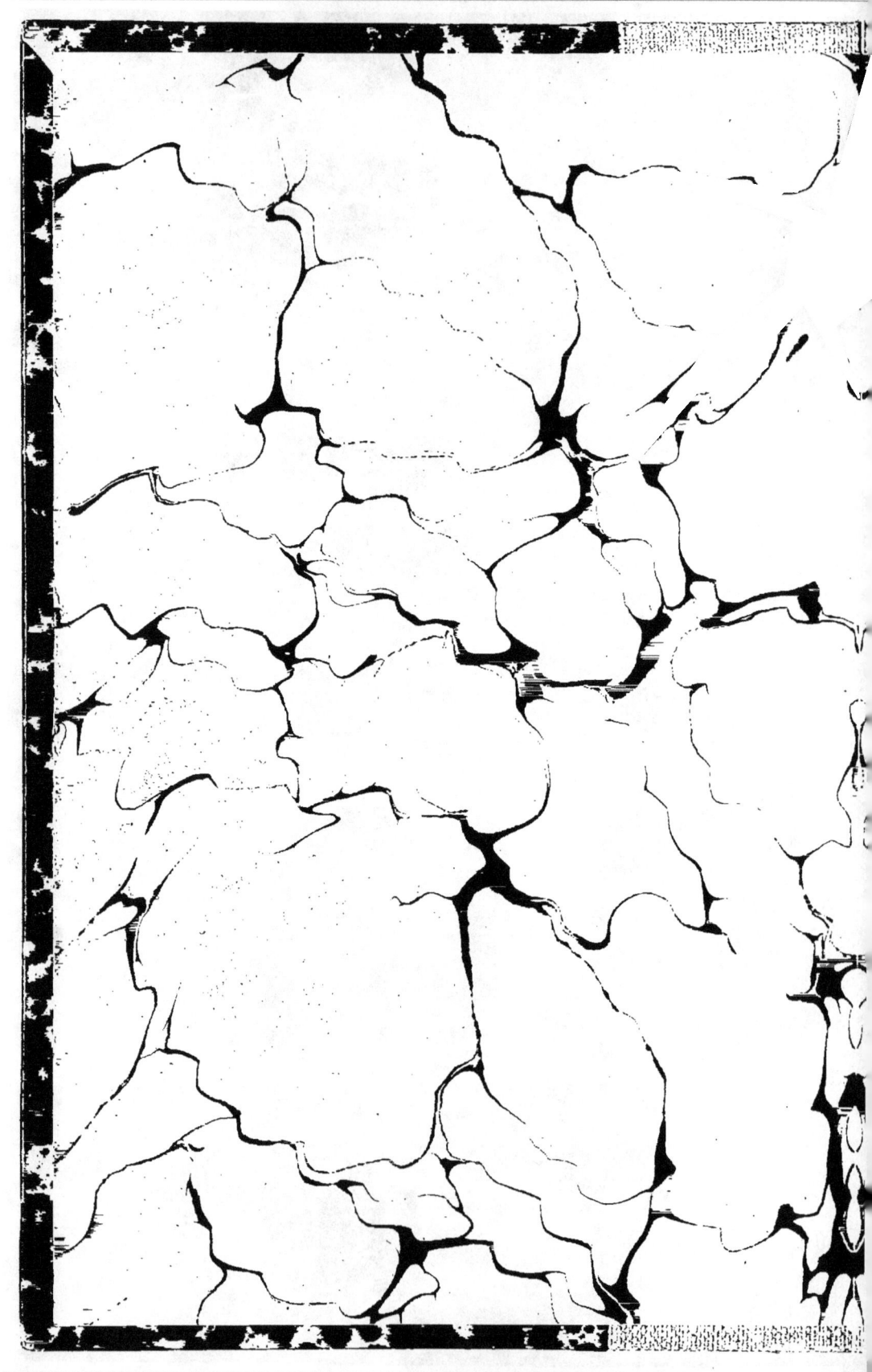

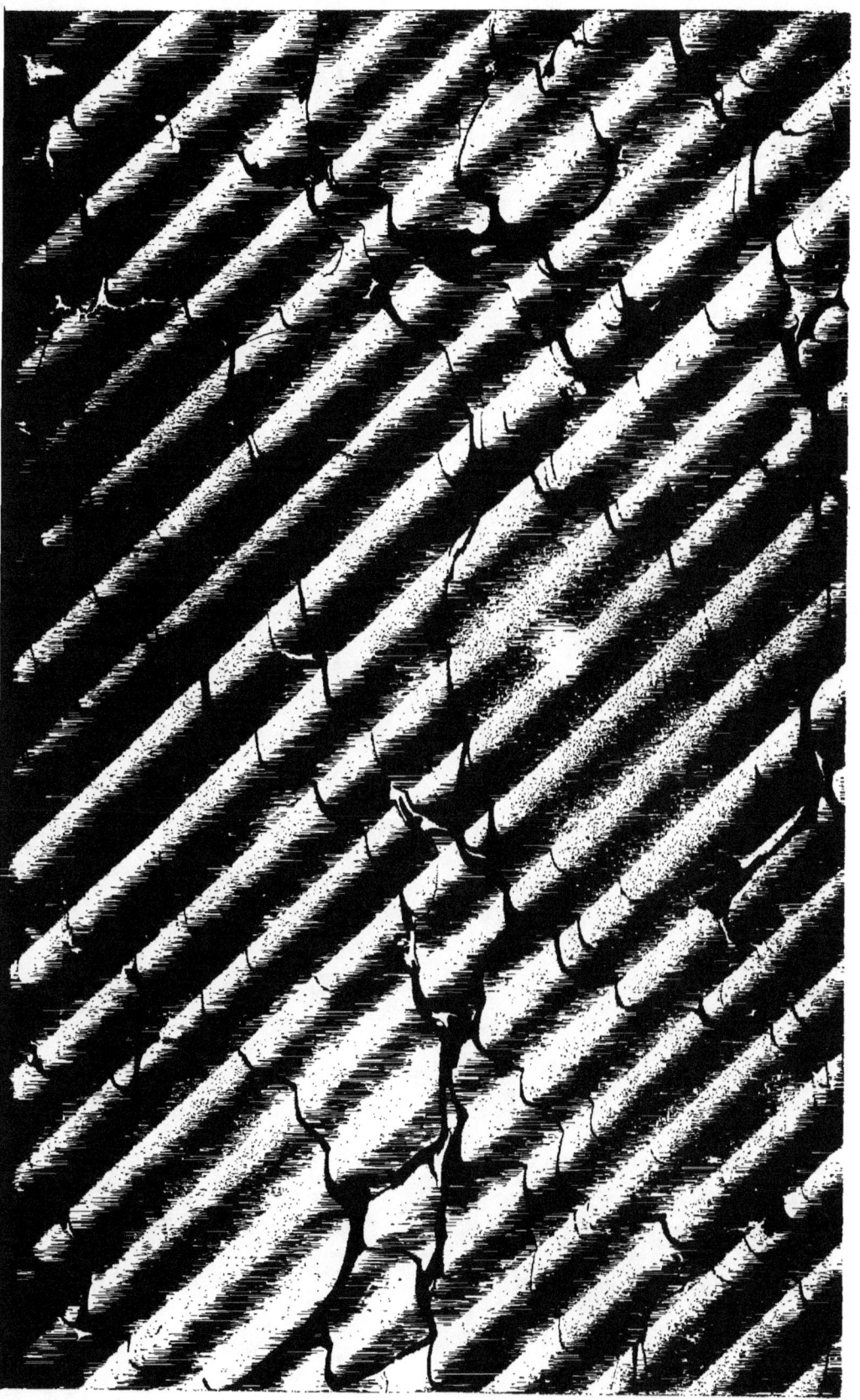

PAUL MANSUY

# HISTOIRE

DE LA VILLE

# DE BELLAC

(HAUTE-VIENNE)

SUIVIE

DE QUELQUES NOTES SUR LE BOURG DE RANCON

PAR

L'ABBÉ ROY-PIERREFITTE

LIMOGES

IMPRIMERIE DE CHAPOULAUD FRÈRES

—

1851

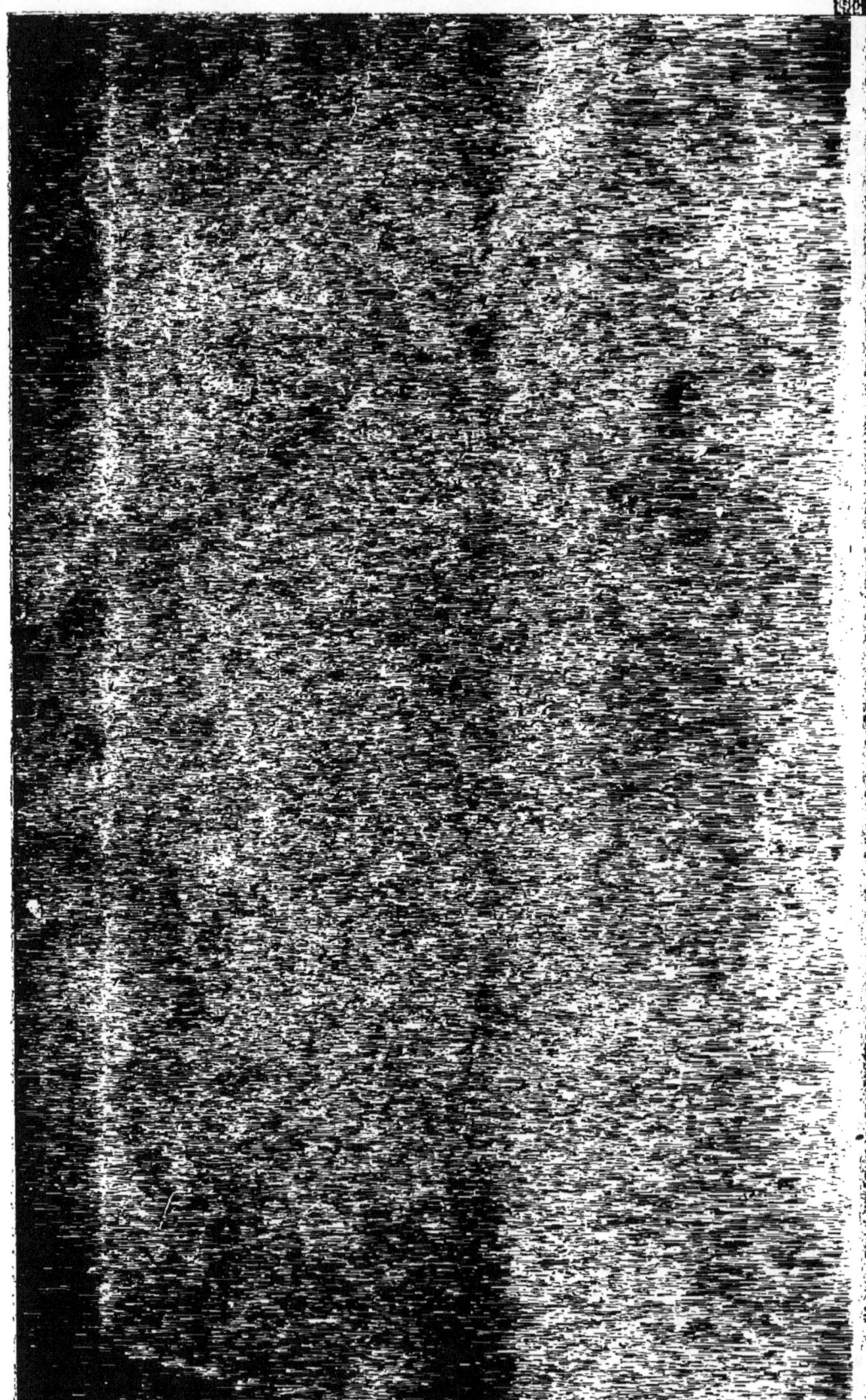

GRAND PORTAIL DE BELLAC

# HISTOIRE

DE LA VILLE

# DE BELLAC

(HAUTE-VIENNE)

SUIVIE

DE QUELQUES NOTES SUR LE BOURG DE RANCON

PAR

L'ABBÉ ROY-PIERREFITTE

Hoc erat in votis.
HORACE.

LIMOGES

IMPRIMERIE DE CHAPOULAUD FRÈRES

1851

# A Madame
## ANNE-ADÈLE ROY-PIERREFITTE
### SŒUR JOSÉPHINE

RELIGIEUSE DE LA COMMUNAUTÉ DE SAINT-ROCH

INSTITUTRICE A BALLEDENT

*Bonne Tante,*

    Après avoir renoncé à une vie commode dans la famille, votre austère vertu a trouvé trop peu méritoire la vie paisible de la communauté dans l'aimable société de vos sœurs. Malgré de graves infirmités, vous avez choisi un de nos bourgs les plus oubliés pour y consacrer à l'instruction des enfants et des pauvres le temps que vous n'employez pas à guérir des plaies ou à prier.

    Je viens rendre hommage à ce dévoûment modeste en vous offrant mon petit volume. Je regrette qu'il soit si médiocre : les indigents et les infirmes de votre paroisse ne béniraient pas seuls votre nom.

    Sans doute, il est des vertus qui ne trouvent qu'au ciel leur récompense ; mais, si le mal de notre siècle est dans l'estime exclusive des honneurs, des richesses et des plaisirs, ce peut être un devoir pour qui a vu dans son éclat l'esprit de sacrifice de le signaler au moins une fois.

                Votre très-respectueux et tout dévoué neveu,

*Roy-Pierrefitte,* Prêtre.

*Limoges, juillet* 1851.

# PRÉFACE.

Tous les habitants d'une ville auraient intérêt et plaisir à connaître leur histoire locale, à lire l'origine de leurs institutions et de leurs monuments, et les beaux faits de ceux qui l'illustrèrent; mais tout cela se trouve épars en mille endroits. Pour satisfaire cette louable curiosité il faudrait se procurer des volumes rares, chers, ou du moins remplis de faits d'un attrait moins sensible : le très-grand nombre ne lit rien.

D'autres auraient fait avec talent ce travail sur Bellac : je l'ai fait avec conscience.

J'y ai, pendant trois années, consacré les instants que ne réclamait pas mon saint ministère; et, parce qu'il répond d'une manière telle quelle au besoin d'étude que j'indiquais tout à l'heure, je l'offre à une ville où j'ai connu l'amitié, et que je n'ai pas quittée sans désirer lui laisser un souvenir : *hoc erat in votis.*

Si, trompant un doux rêve, ce petit volume ne devenait pas populaire à Bellac, j'ose compter du moins qu'il sera accueilli avec quelque bienveillance par les hommes d'étude, et que les jeunes gens désireux d'apprendre ne le liront pas sans profit.

Autant que possible, j'ai donné le texte même des auteurs dont je parle, au lieu d'en faire une simple analyse. Cette espèce de marquetterie n'a pas ici, je crois, l'incontestable inconvénient qu'elle offrirait dans un autre ouvrage : j'ai voulu faire connaître des physionomies d'autrefois ; quand je les trouve toutes dessinées, je les montre.

Peut-être me reprochera-t-on d'avoir prodigué les noms propres ; mais l'histoire d'une ville est celle de chacune des familles qui la composent. Tous les enfants de la cité liront avec émotion des pages où, en trouvant un nom propre, ils diront : C'est un des miens !

Cette petite Histoire est divisée en quatre parties :
  I. Faits.
  II. Institutions et monuments.
  III. Hommes de lettres, magistrats, etc.
  IV. Pièces originales relatives à l'histoire de la ville.

# PREMIÈRE PARTIE.

## FAITS.

### CHAPITRE PREMIER.

Liste des Comtes de la Marche (1).

Bellac, ancienne capitale de la basse Marche (2), ne put vivre d'une vie qui lui fût propre, quoiqu'elle eût reçu une charte dès le XII$^e$ siècle. Elle était châtellenie (3). L'histoire des comtes de la Marche, ses maîtres, est donc aussi la sienne, et il n'est pas inutile de la rappeler brièvement. Pour eux Bellac fit la guerre aux seigneurs voisins et à ses rois eux-mêmes. Sous leur bannière elle combattit

(1) Nous suivrons *l'Art de vérifier les dates*, édition de 1770.

(2) Les premiers comtes de la Marche habitèrent Bellac ; les autres y mirent chancelier, sénéchaussée, siége d'élection, maréchaussée ; ils y frappèrent monnaie. Un titre de 1285 désigne cette ville comme le siége du gouvernement de leurs terres. La recette générale des revenus des terres de la basse Marche se faisait à Bellac. Ce fait est constaté par les comptes rendus des receveurs en 1290¦, 1331¦, 1374, 1377, 1420, 1496. Bellac conserva son élection et la recette des deniers royaux même après l'établissement du tribunal principal au Dorat. Enfin Louis X, Louis XI, Henri IV, Louis XIII et Louis XIV, dans divers édits, la qualifient de capitale de la basse Marche.

(3) « Le fief appelé *châtellenage* consistoit en la garde et le gouvernement d'un château pour le comte, lay ou ecclésiastique, propriétaire de ce château, avec un domaine considérable qui y étoit attaché, la seigneurie et toute justice dans ce domaine, et encore la suzeraineté sur plusieurs vassaux. » — BRUSSEL, *Usage des fiefs*, p. 712.

l'Anglais; elle les suivit jusqu'en Palestine, et prit du repos seulement quand il leur plut de lui en laisser.

La Marche, confondue jusqu'au x<sup>e</sup> siècle avec le Limousin, dont elle faisait partie, subit la domination des Visigoths (464-507) après avoir subi déjà celle de Rome, sous la dénomination d'Aquitaine première. Conquises par les Francs, ces provinces appartinrent encore au duché d'Aquitaine, dont Charlemagne fit un royaume (778) pour son fils Louis, qui venait de naître, et qui le remplaça plus tard sur le trône impérial.

Boson I<sup>er</sup>, surnommé le Vieux, fils de Sulpice, et petit-fils de Geoffroi, premier comte de Charroux, fut établi comte de la Marche, *on ne sait en quelle année*, par Guillaume III Tête-d'Etoupe, duc d'Aquitaine (1). Le comté de Périgord passa dans sa famille à la mort des enfants du comte de cette province Bernard, dont il avait épousé la sœur. Il laissa d'Emme cinq fils : Hélie, qui fut comte de Périgord, Aldebert et Boson, qui lui succédèrent dans la Marche, Gausbert, et Martin, évêque de Périgueux.

Aldebert I<sup>er</sup>, comte de la haute Marche, prit, en 990, Poitiers, où il fit un grand carnage, vainquit en rase campagne Guillaume IV Bras-de-Fer, soutenu qu'il était par Foulques d'Anjou et Hugues de Gar-

---

(1) Fait très-contestable, que l'auteur établit ici d'une manière vague : nous le contredirons dans le 2<sup>e</sup> chapitre.

gilesse, et vint mourir, vers 995, au château de Gençais, dont, une première fois déjà, il avait démantelé les tours. Sûr de vaincre encore, cet intrépide guerrier se promenait à cheval, sans armes, sous les murailles, lorsqu'une flèche vint lui donner la mort. On l'ensevelit à Charroux. — Boson II, comte de la basse Marche, et, depuis la mort de son frère Aldebert I$^{er}$, comte tout à la fois de la haute et de la basse Marche, fut probablement inhumé dans l'abbaye d'Uzerche (1). — (1006) Bernard, fils d'Aldebert, comte de la haute et de la basse Marche jusqu'en 1047. — Aldebert II eut l'honneur d'assister au couronnement de Philippe I$^{er}$, roi de France, à Reims (9 mai 1059). — Boson III (1088), mort sans postérité devant Confolens, dont il assiégeait le château (1091) (2). — Almodis ou Almodie, fille d'Aldebert II (1091), en donnant sa main à Roger de Montgoméry, lui porta pour dot le comté de la Marche, que reçurent ensuite ses fils Aldebert III (1106 au plus tard), Eudes, et Boson IV dont on

(1) On voit dans l'église d'Uzerche deux inscriptions tumulaires du xi$^e$ siècle sur l'une desquelles on lit : *Ecclesiae prior Gaubertus*, et sur l'autre *Bosonem...... cuj. erat clarum genus*. La date des inscriptions et les qualifications des deux personnages semblent prouver qu'on donna la sépulture, dans cette église, aux fils de Boson-le-Vieux, ainsi nommés, et tous deux signataires de la charte qui soumit l'abbaye d'Ahun à celle d'Uzerche.

(2) L'abbé Legros, *Calendrier de* 1785, p. 159, lui donne pour successeurs Othon ou Eudes, Almodie, et Bernard II, petit-fils de cette comtesse par Aldebert, qui ne régna pas.

ne connaît que le nom. Aldebert IV (1145 au plus tôt), à qui l'on devrait les coutumes de Bellac si, comme l'affirme Mallebay de La Mothe, elles furent accordées dès 1160 (1). Privé d'une partie du comté par le sire de Lusignan, il vendit le reste au roi d'Angleterre Henri II (1177) 5,000 marcs d'argent et plusieurs chevaux (2) avant de partir pour Jérusalem. Il revenait de la Palestine lorsqu'il mourut à Constantinople, le 19 août 1180, dit Geoffroi du Vigeois (chap. 72, p. 325).

Par bonheur, Geoffroi de Lusignan et ses frères firent casser cette vente injurieuse à notre patriotisme (3), et reçurent dans leur famille cette couronne que laissait le dernier des Boson; car Hugues-le-Brun IX$^e$ du nom, sire de Lusignan, ne s'y rattache que de loin par sa femme Mathilde. Ce

(1) *Plan pour servir à l'histoire des comtes de la Marche*, p. 24.

(2) Geoffroi du Vigeois, *apud Labbe*, p. 324.

(3) Eudes, mieux nommé Othon, était frère d'Aldebert II, et devint archevêque de Tours après avoir cédé le gouvernement de la province à sa nièce Almodis. Bernard II, fils et successeur de cette comtesse, dota l'abbaye d'Aubepeyre en Limousin (1149), et mourut l'an 1150, laissant le comté à son fils Aldebert III. — *Plan pour servir à l'histoire des comtes de la Marche*, p. 20-21. — On voit ici une contradiction au récit des savants bénédictins : j'en fais mention parce que Mallebay montre dans son livre une érudition fort respectable, rarement en défaut quand j'ai eu occasion de confronter ses faits et ses dates avec des pièces originales. — Eudes donna, en 1106, en qualité de comte de la Marche, à un moine de St-Martin de Tulle, une terre, *allodium*, dont il l'investit avec un clou de fer à cheval qu'il tenait à la main. — Baluze, *Hist. de Tulle*, T. II, ch. XVII, rapporté par *l'Art de vérifier les dates*.

seigneur, d'abord prisonnier des Sarrasins en Orient, revint combattre le roi de France en faveur de Jean-sans-Terre, fit battre monnaie, et se montra zélé protecteur des religieux de Grammont, chez lesquels il entra. Il mourut dans le monastère de cet ordre, qu'il avait fait bâtir à L'Écluse (1208) (1). Hugues X, fils du précédent, fit battre aussi monnaie. Inspiré par sa femme l'orgueilleuse *comtesse-reine* Isabeau d'Angoulême, veuve de Jean-sans-Terre, il se révolta deux fois contre saint Louis. Le roi avait pardonné la première faute, il vint châtier depuis cet audacieux vassal, et le forcer à se soumettre *haut et bas* à toutes les conditions qu'il voulut dicter (ce traité est daté du 3 août 1242, au camp près de Pons). Ce prince avait assisté au siège de Damiette, prise le 5 novembre 1219. Il mourut au retour de la croisade où il avait accompagné saint Louis avec son fils aîné, qui lui succéda (1249) comme comte de la Marche et d'Angoulême. Hugues-le-Brun, XI$^e$ du nom de Lusignan, vécut jusqu'en 1260. — Hugues XII$^e$ de Lusignan laissa la ville de Bellac se régir par les lois romaines, malgré sa charte, qui soumit les habitants de la haute Marche aux coutumes de Montferrand (2). Il mourut en 1282. — Hugues XIII, fils et succes-

(1) Cette petite biographie est tirée de Mallebay de La Mothe : *Plan*, etc., p. 26—29.

(2) Id., p. 38.

seur du précédent aux comtés de la Marche et d'Angoulême, instituait par testament (1283) pour héritier Gui ou Guyard, son frère; mais il changea ces dispositions en faveur de Geoffroi, son cousin (1297), parce que Gui lui avait fait la guerre. Enfin, deux ans avant sa mort (1301), il engagea la Marche au roi Philippe-le-Bel pour une grosse somme d'argent. Gui prétendait néanmoins remplacer son frère après avoir brûlé le dernier testament. Philippe-le-Bel, instruit de cette supercherie, et d'ailleurs indisposé contre le nouveau comte, qui s'était joint aux Anglais, et leur avait livré Cognac et Merpins, confisqua la Marche et l'Angoumois en le condamnant à 120,000 livres d'amende. Le roi transigea ensuite avec Marie de la Marche, comtesse de Sancerre, et Isabelle, sœur de Hugues XIII, pour les droits qu'elles pouvaient avoir. Ainsi il devint seul maître du comté; ainsi finirent les anciens comtes de la Marche et d'Angoulême (1).

MAISON DE FRANCE. — Philippe IV avait réuni la Marche à la couronne en 1303 : avant de mourir, il en fit l'apanage de son troisième fils Charles, et le frère de ce prince, Philippe V le Long, l'érigea (mars 1316) en comté-pairie. Grâce à ce

(1) *L'Art de vérifier les dates*, édition de 1770, in-folio, p. 723. — La fin de cette liste est tirée de Mallebay de La Mothe, *Plan*, etc., p. 43—67.

privilége, le nouveau pair eut l'honneur d'assister, la même année (7 août), à l'élection du pape Jean XXII, dans la ville de Lyon. Il monta sur le trône en 1322. — Charles IV dit le Bel avait donné (1327) (1) le comté de la Marche à Louis I<sup>er</sup>, duc de Bourbon, dont la prière obtint de Philippe VI (1337) que les terres du ressort de la sénéchaussée de Bellac ne pussent être confisquées, *excepté le cas de crime de lèse-majesté*. — Pierre de Bourbon, fils et successeur du précédent (1341), pair et chambrier de France, meurt à Maupertuis près Poitiers en combattant le prince de Galles (19 septembre 1356). Jacques I<sup>er</sup> de Bourbon, frère du précédent, meurt à Lyon (6 avril 1361) des blessures reçues à Brignais.

Jean I<sup>er</sup> de Bourbon succéda à son père par lettres-patentes du 20 novembre 1385, et mourut à Vendôme (11 juin 1393). — Jacques II de Bourbon, fait grand-chambrier de France en 1397,

---

(1) D'après quelques auteurs, cette même année la Marche fut élevée au rang de *duché-pairie;* ce que Jouilleton (*Histoire de la Marche*, T. I, p. 281) contredit formellement sans pouvoir nous convaincre; car, dans la liste de nos comtes, nous ne trouvons pas la place de François de Bourbon. D'ailleurs voici le passage; on en jugera : « Ce fut François I<sup>er</sup> qui érigea la vicomté de Chatelleraud, les chastellenies du Dorat, de Calaiz et de Charoles; celles de Bellac, Rancon et Champagnac en *duché-pairie* par lettres-patentes du 15 février 1515, enregistrées au parlement le 4 avril 1515, en faveur de François de Bourbon, tué à la bataille de Marignan ».

se qualifiait comte de la Marche et *seigneur de Bellac*. Après avoir marié sa fille unique Éléonore (25 juillet 1429) à Bernard, sire d'Armagnac, abattu par ses disgrâces, et lassé du monde, il se fit religieux du tiers-ordre de St-François à Besançon (1435), où il mourut (24 septembre 1438).

MAISON D'ARMAGNAC. — Bernard d'Armagnac défendit, à ses frais, la Marche, contre les attaques des gens de guerre qui venaient la piller. Les états de la province lui remboursèrent 1,780 livres, et, dans la quittance qu'il en donna le 12 mai 1435, il se qualifie *comte de la Marche, gouverneur pour le roi au haut et bas Limousin.* Il fut aussi gouverneur du dauphin qu'on nomma plus tard Louis XI.

1461. — Personne n'ignore la fin malheureuse de Jacques d'Armagnac, duc de Nemours, exécuté (4 août 1477), pour crime d'état, aux halles de Paris, en arrosant de son sang ses fils vêtus de robes blanches, et placés sous l'échafaud tout tendu de noir (1).

La Marche fut alors, pour la deuxième fois, réunie à la couronne.

MAISON DE BOURBON. — Pierre de Bourbon, comte de Beaujeu, épousa la fille de Louis XI Anne de France, et obtint le comté de la Marche par lettres-patentes datées d'Arras (septembre 1477). Il vint en personne prendre possession. Par lettres-

(1) Brantôme, t. VI, part. 1, disc. 8.

patentes de Charles VIII (avril 1485), les terres et seigneuries de Charroux, Saint-Germain et Calais, confisquées sur Jean Doyac, furent réunies au comté de la Marche. Chargé, avec l'amiral de Granville, du gouvernement de l'état pendant l'expédition de Naples, le duc de Bourbon mourut le 10 octobre 1503, emportant au tombeau le surnom glorieux de *prince de la Paix et de la Concorde.* — Suzanne de Bourbon, fille du précédent, donna sa main, au mois de mai 1505, à Charles III de Bourbon-Montpensier, qui prit le titre de comte de la Marche.

Charles III de Bourbon s'était illustré déjà sur vingt champs de bataille sous Louis XII, surtout à la journée d'Agnadel (14 mai 1509), où il eut une grande part à la victoire. François I$^{er}$ le fit connétable et grand-chambrier de France (1515), et lui accorda (13 mars 1521) des lettres patentes (vérifiées au parlement le 20 du même mois), en vertu desquelles la coutume de la haute Marche fut réformée. Suzanne de Bourbon, sa femme, lui laissait tous ses biens par testament fait à Montluçon; mais Louise de Savoie, mère du roi et sa propre parente, l'en fit dépouiller par un arrêt de séquestre (août 1522). Indigné de cette injustice, le malheureux connétable mit son épée au service de Charles-Quint contre la France, et mourut au siège de Rome (6 mai 1527). Un arrêt du 26 ou du 27 juillet suivant confisqua ses biens au profit de la couronne. Louise de Savoie fit de vains efforts pour s'en emparer. Le jour même (22 septembre 1531) où mourut cette princesse, une déclaration les *réunit à perpétuité* au domaine royal.

## CHAPITRE II.

Origine de Bellac. — Premier siége, 995 (1).

Le mot *Bellac* peut signifier lieu de guerre, *locus belli*; ou bien, en dérivant du celtique, lieu élevé, *bel* (lieu) *acum* (élevé); ou encore, lieu arrosé par de belles eaux, *bella aqua*.

Les armoiries de Bellac nous imposent la dernière étymologie. Elles sont « d'azur à une tour crênelée

(1) L'auteur anonyme d'un mémoire historique sur la ville de Bellac imprimé dans le n° du 26 avril 1780 de la *Feuille hebd.*, dit que ce siége eut lieu en 997. — Dans la même feuille, n° du 15 septembre 1788, p. 167. M. Duroux le place à l'année 993 ; — Mallebay de La Mothe, *Plan pour servir à l'histoire du comté de la Marche*, p. 11, en 997; — Allou, *Description des monuments, etc., de la Haute-Vienne*, p. 315, en 997; — M. de Verneilh-Puiraseau, *Histoire politique et statistique de l'Aquitaine*, t. I, p. 224, en 991. — Nous avons pris la date que donnent les bénédictins dans la table chronologique du T. X de leur grand ouvrage, *Rerum gallicarum et francicarum scriptores*. C'est aussi d'après ce précieux volume que nous citons les chroniqueurs.

d'argent ouverte, ajourée, et maçonnée de sable, naissante d'une mer (1) au naturel, accompagnée au chef de trois fleurs de lis d'or » ; — ailleurs, d'argent à un château de sable couvert en dos-d'âne, flanqué de deux tours et donjonné d'une autre pavillonnée et girouettée de même ; le château sur une rivière d'azur, au chef d'azur, chargé de trois fleurs de lis d'or mal ordonnées ».

Boson-le-Vieux bâtit le château de Bellac au Xe siècle, dit Ademar de Chabannes (2). Ce texte donne l'origine de la ville : on l'explique, il est vrai, par des fortifications nouvelles ; mais il est plus vraisemblable que les maisons se sont groupées autour du donjon seigneurial ; et cela devient à peu près certain lorsqu'on se rappelle que l'église paroissiale était à *Saint-Sauveur,* village distant d'un kilomètre au sud-est. La nef la plus ancienne de l'église actuelle était la chapelle du comte, et elle servit seulement d'annexe jusqu'à la destruction de

---

(1) A Bellac on croit généralement que, devant le *grand portail*, était autrefois un vaste étang. Ce fait expliquerait l'expression *mer au naturel.* Il est au contraire probable qu'elle a servi de prétexte à ce dire. Les armoiries durent être changées à l'époque où l'on couvrit la porte principale d'une charpente qu'elle a gardée jusqu'en 1824. Alors, pour rester dans le vrai, Bellac ne parla plus que de sa rivière d'azur, le Vincou.

(2) Construxerat ipsum castrum (Bellacum) Boso Vetulus in Marca lemovicina. — *Rerum gallic.,* etc., T. X, p. 146.

l'église ancienne (1). C'était en effet conforme à l'ancienne règle. « Quelque accroissement qu'ait pu prendre la population d'un lieu, les habitants doivent rester soumis au pasteur que reconnoissoient ceux qui les précédèrent dans la localité. » — Le Bénéficier, T. V, p. 4, *Histoire du diocèse de Paris*. — Si Bellac avait une origine antique, il eût été centre, il eût été paroisse. Il était aussi dans l'archiprêtré de St-Junien, tandis que Rancon, simple bourg situé à sa porte, avait le titre d'archiprêtré, grâce sans doute à son origine romaine (2).

(1) Nadaud, *Pouillé du diocèse*, T. 1, p. 74. — M. le supérieur du grand séminaire nous a laissé, avec cette bonté paternelle que nous connaissions déjà, feuilleter à loisir les riches manuscrits des abbés Nadaud et Legros. — Mallebay de La Mothe, *Plan pour servir à l'histoire de la Marche*, p. 73. — *Reg. des paroisses* de St-Sauveur et de Notre-Dame de Bellac, *son annexe*, à la mairie de Bellac.

(2) A cette question : *Quelle est celle des villes de Bellac ou du Dorat la plus ancienne et capitale de la basse Marche*, posée, en 1788, dans *la Feuille hebdomadaire de la généralité de Limoges*, un anonyme répondit par un article qui se trouve dans les numéros du 3, du 10 et du 17 septembre de la même année : « *Quelques recherches que nous ayons faites dans l'antiquité, nous n'avons pu parvenir à nous procurer des preuves certaines* que, dans la Marche, lorsqu'elle étoit sous la domination des Romains, il y eût d'autres villes que *Nectodunum* (Ahun), *Pretorium* (Le Puis-Jouër), *Cassinomagus* (Chassenon), *Andecamulum* (Rancon), *Ratiastum* (Razès). Nous *présumions* néanmoins que Bellac subsistoit dès lors. Nous rapportons ici, à cause de sa singularité, une note que nous avons trouvée dans un ancien manuscrit :.. « Bellac, y est-il dit, » vient du mot latin *bella*, guerres, d'où l'on a fait celui de *Bella-* » *cum*, lieu, endroit des guerres ; d'où dérive encore le nom de la » rivière qui passe au bas de cette ville, *vincunt*, ils vainquent, ils

A peine Bellac était-il entouré de murailles qu'il lui fallut soutenir un siége. Probablement même, plus d'une fois, les travaux avaient été interrompus

» sont victorieux, mot qui, par la suite, s'est corrompu en le pro-
» nonçant et l'écrivant *Vincou*. Aussi, ajoute l'auteur dans son vieux
» style, les gens de Bellac ont-ils eu de tout temps un fort penchant
» à guerroyer. »

» Quoi qu'il en soit, notre *présomption* est appuyée sur ce qu'il est dit, dans les observations à la suite de *l'Indicateur*, que l'on trouve, près de Pontarion, les marques d'un ancien chemin qui vient de Bourganeuf, et d'un autre, venant de Bellac, qui conduit à Aubusson; il est prouvé que le dernier chemin étoit une voie romaine, puisque l'on trouve, de distance en distance, tantôt dans la route même, tantôt à côté, dans les champs, des parties considérables d'un vieux chemin ferré. Nous avons suivi cette route depuis le bourg de Folles, près duquel elle passe, et nous avons trouvé ces fragments au village de La Traverse, paroisse de Fromental; près de celui de La Buxière-Etable, de la paroisse de Châteauponsat; entre les champs du Verger et d'Aurillac, même paroisse, vis-à-vis Villevi; entre La Maison-Neuve et Monuc, paroisse de Rancon; entre Les Vareilles et Le Bouchaud, de celle de Droux; enfin, au-dessus de Blanzac, non loin de Bellac. Ce qui confirme que cette route étoit une voie romaine, c'est qu'elle passoit par le village de La Buxière-Etable, qui est rendu par le mot latin *stabulum*, nom que, dans l'antiquité, suivant M. *Danville*, l'on donnoit à l'hospice ou gîte, *hospitium*, établi sur une grande route pour les voyageurs. Les *stabula* étoient des ouvrages publics sur lesquels les empereurs avoient fait des règlements, et l'on voit encore à La Buxière-Etable des débris considérables d'un ancien édifice, qui sans doute étoit le *stabulum*.

» Enfin nous avons vu, à quatre cents pas du village de La Buxière-Etable, dans les terres à gauche, le long de la route, une pierre, taillée par le bas en carrés de 20 pouces et au-dessus, en forme cylindrique, qui étoit cassée, mais dont il restoit encore 2 pieds 8 pouces. Sur un des carrés il paroissoit y avoir eu une inscription, mais si altérée et dégradée qu'on ne peut distinguer que les lettres suivantes :

par des excursions commandées chez les seigneurs du voisinage, ou pour repousser quelque agresseur irrité de voir le vautour placer si bien son aire. De même autrefois les juifs, entourés d'ennemis au retour de la captivité, relevaient leurs remparts la truelle d'une main, et la lance de l'autre.

Dans ce xe siècle calomnié sans doute, mais justement nommé *siècle de fer*, parce qu'on y vit trop souvent, trop généralement, l'abus de la force, la guerre et le pillage, le christianisme n'avait pu

M. A.............
V.........
M...................S.

» On ne peut douter que cette pierre ne fût une des colonnes milliaires qu'on élevoit sur les voies romaines, éloignées de mille pas géométriques les unes des autres : il n'est donc pas hors de *vraisemblance* que, si le chemin qui d'Aubusson conduit à Bellac étoit une voie romaine, cette ville ne subsistât alors, ou que du moins ce ne fût un *stabulum;* d'autant mieux que les *stabula* étoient établis de demi-journée en demi-journée, et que Bellac étoit distant du *stabulum* de La Buxière de six lieues, ce qui faisoit la traite ou demi-journée ; et il est très-probable que cette voie romaine alloit de Bellac à la ville de L'Isle-Jourdain, près de laquelle on trouve des restes de cette voie, qui venoit joindre une autre voie romaine, qui, passant par Nontron, comme on peut le voir dans *l'Indicateur*, par Confolens, et peu loin de L'Isle-Jourdain, conduisoit à Poitiers. »

Cette citation d'un auteur non suspect prouve tout au plus que Bellac existait comme un *lieu d'étape :* des urnes découvertes dans le hameau nommé *Vieux-Bela* semblent le confirmer ; mais ces *stabula*, infiniment multipliés, étaient de nulle valeur. La note que j'ajoute n'infirme pas non plus ma preuve ; elle ne parle que d'un village, *vicus*. D'ailleurs elle ne porte que sur une simple possibilité; et, malgré notre respect pour M. Maurice Ardant, l'érudit habile qui

dompter encore suffisamment cette humeur guerrière toujours vivace dans les fils des Germains barbares : un frère était un ennemi dès que les intérêts cessaient d'être communs ; chaque seigneur (1) mettait d'ordinaire sa gloire à bien se battre, et à conquérir ce qu'il trouvait à sa convenance.

Ainsi vraisemblablement Boson-le-Vieux ne dut qu'à son épée le *comté de la Marche* (2). La

---

a bien voulu la rédiger exprès pour ce volume, nous croyons cette possibilité peu vraisemblable

VELLACO. VICO. — Monnaie mérovingienne d'or, ou *triens*, *tremissis*, tiers *de sou d'or*. Revers VNCVSTOL, nom du monétaire. Cette pièce est attribuée à *Bellac* en Limousin, parce que la croix *haussée* et *ansée* du revers est un type particulier à l'Aquitaine. Une petite croix figure dans le piédestal ; le côté de la face présente une tête diadémée tournée de gauche à droite. On sait que, dans l'antiquité, chez les Grecs surtout, et, de nos jours encore, dans toutes les provinces méridionales, même en bas Limousin, on emploie le V pour le B ; des monnaies contemporaines présentent le mot *Dagobertus* écrit *Dagovertus* ; d'autres preuves ne manqueraient pas.

(1) Alors *seigneur, dominus*, signifiait simplement le possesseur, le *propriétaire* d'une terre.

(2) Les critiques les plus acerbes sont toujours ceux qui n'ont rien lu. Qu'ils comparent deux ouvrages des bénédictins, *l'Art de vérifier les dates* et le x⁰ volume du *Recueil des historiens de France*. Après l'avoir fait longuement, sans passion *(amicus Plato, magis amica veritas)*, nous avons cru très-permise cette opinion un peu nouvelle. *La table chronologique du Recueil des historiens de France*, faite pour classer les faits du volume d'après leur date véritable, rapporte à l'année 994 le texte où il est parlé de donation : alors il ne s'agirait plus de Boson-le-Vieux et de Guillaume III Tête-d'Etoupe, mais de Boson II et de Guillaume IV Fier-à-Bras, et l'expression *dono* devrait s'entendre d'une simple confirmation.

faiblesse des monarques successeurs de Charlemagne permettait aux âmes fortement trempées ce qu'elles osaient faire. Et cette fière réponse de notre chevaleresque Aldebert au roi de France (Hugues Capet ou Robert) pendant le siége de Tours (990) explique bien des titres : *Qui t'a fait comte? — Qui t'a fait roi* (1)?

Ainsi Boson II, comte de la basse Marche, paya d'ingratitude Guillaume IV Bras-de-Fer. Ce duc avait légitimé par un titre la possession du comté; il avait soutenu son protégé contre les violences brutales de ses frères ou contre celles de quelque nouveau prétendant, et lui, pendant la maladie de ce bienfaiteur (994), s'en allait lâchement attaquer ses villes, ses campagnes et ses places fortes; il tentait même, avec des troupes nombreuses, de surprendre, pendant la nuit, Poitiers (2). Guillau-

---

(1) Qui (Aldebertus), cum eam (urbem Turonem) obsideret, nequaquam rex Francorum ausus est eum provocare ad certamen ; sed hoc ei mandavit : *Quis te comitem constituit?* Et Aldebertus remandavit ei : *Quis te regem constituit?* — Ademar de Chabannes, *Rerum gallic.*, etc., T. X, p. 146. — Dans un fragment de l'histoire d'Aquitaine rapporté par André du Chesne on lit, T. IV, p. 80 : « Nequaquam rex Hugo vel Robertus, filius ejus, ausi sunt eum provocare ad bellum ; sed hoc ei mandaverunt : *Quis te*, inquiunt, *comitem constituit?* Et Aldebertus remandavit eis : *Qui vos reges constituerunt?* »

(2) Is enim Boso, ubi advertebat principem unde agimus, cujus dono, ope et auxilio ad comitatum provectus erat, chiragrico morbo oppressum variisque passionibus obsitum, præsagiens quoque quod pene imminebat, ejus videlicet obitum, fide quam promiserat oblita,

me V venait de jurer à son père mourant qu'il punirait les injures du comte de la Marche. L'occasion s'offrit bientôt. A la nouvelle de cette mort, Boson II courut assiéger le château de Gençais, voisin de Poitiers, et, disait-on, parfaitement pourvu d'hommes et de vivres; si bien que, cette place prise, le reste eût aisément cédé. Mais le jeune duc, dont Dieu protégeait le droit, fut assez heureux pour repousser ce redoutable adversaire, détruire ses troupes dans un lutte acharnée, et le forcer à une fuite honteuse. Il prit même la ville de Rochemeau, où se trouvait Almodis, femme de Boson II. Guillaume-le-Grand eut le courage de respecter sa prisonnière, et de la renvoyer avec honneur. Par reconnaissance, Candide, mère de cette comtesse, agrandit son domaine (1).

Le comte de la haute Marche Aldebert I$^{er}$ venait de mourir en assiégeant, aidé de Boson II, son frère, le château de Gençais. Boson II, tuteur du jeune orphelin Bernard, et dès lors comte de la haute et de la basse Marche, singulièrement grandi en force et en autorité, pouvait-il demeurer

prius calliditate occulta, cœpit sibi subjugare ejus oppida, rura et municipia ; deinde amicitiis muneribusque colligare nobiles quosque ac sua castella. Postremo, crescente æmulatione, pictavam civitatem noctu, multo stipatus milite, irrumpere agressus est, reliquaque nihilominus regni possidere jura. Sed avertit eum Redemptoris mundi clementia. — *Chronique* de Maillezais : *Rerum gallicarum*, etc., T. IX, p. 181.

(1) Id., p. 181, 182.

paisible? Il se fit battre encore par Guillaume, et fut fait prisonnier. Son vainqueur, toujours généreux, l'avait presque immédiatement rendu libre ; mais, comme possédé de je ne sais quelle fureur, il renouvelait ses attaques. Enfin, pour en finir, peut-être aussi pour protéger quelque droit du jeune Bernard, le duc d'Aquitaine demanda le concours du roi de France et de ses vassaux. Le bon, le saint roi Robert, cette douce figure qui jette un reflet glorieux sur le $x^e$ siècle par sa droiture, sa bonté pour tous et sa foi simple et vive, Robert vint donc non pas aider à opprimer l'inférieur, sa conscience s'y fût refusée, mais soutenir un droit, punir un ambitieux insensé. Nous connaissons les mœurs d'alors et les acteurs de la scène. Voici quel fut le théâtre. — Bellac, bâti, à la jonction de trois vallées, sur le penchant d'un coteau, près du confluent du Vincou et de la Gartempe, était défendu par 19 bastions, qui s'élevaient sur un escarpement considérable, excepté au nord et à l'est, garantis par un *fossé* dont le nom reste encore à la rue qui mène de la place *du Palais* à celle de *La Chaume*. La ville avait trois portes: au nord, *le grand portail*, protégé par deux tours crénelées, qui servirent de prison jusqu'en 1824, époque où on les détruisit; la porte *Rillon* au sud-est, d'où l'on descendait au faubourg de *La Combe*, et la porte de *La Prade* au sud-ouest. Celle-ci s'ouvrait sur l'ancienne route de St-Junien, près du *pont des Arches* ou de *Chapterie*, détruit depuis long-temps. Nous nous figurons aisément l'épouvante que dut jeter dans la contrée la présence d'hommes aux mœurs et aux costumes si divers. La plus grande partie de la France actuelle avait jeté là une foule immense : les seigneurs avec leur pesante armure et leurs chevaux moins infatigables qu'eux; les hommes libres combattant aussi à cheval; et les serfs à la barbe inculte, moins désireux de la gloire, les serfs, dont beaucoup sans doute soupiraient après leur famille et leurs champs abandonnés, combattant à pied, armés de la pique, de la hache et de la massue; quelques-uns peut-être pris dans les villages d'alentour, et entraînés par l'armée avec leurs fourches et leurs bâtons : tous honorés pourtant par cet appel à leur courage, car le paganisme n'estimait pas ses esclaves assez dignes pour défendre la patrie. Dans la ville, le comte dut multiplier les encouragements et les promesses; ses amis étaient accourus (1); les hommes de tout rang étaient bien pourvus d'armes.

Sous les murs, la crainte d'une humiliante retraite excitait les chefs. Dans l'enceinte, une salutaire confiance, inspirée par la forte position de

(1) Abbo Drutus castrum Bellacum contra regem Robertum fortissime defendit. Hic abbo, consensu Aldeberti comitis, castrum Mortemarense (Mortemart) construxit in fundo proprio. — Ademar de Chabannes, *Rerum gallicarum*, etc., p. 151.

la ville, enflammait l'ardeur des plus lâches. Toutes les machines de guerre jouèrent contre les remparts; des nuages de traits se croisèrent sur les murailles; les veilles furent longues; les sentinelles, vigilantes; les morts, nombreux. Bien des fois les assaillants, animés par les sons stridents et sauvages des trompettes d'airain, des cornets de bois, des sistres et des timbales, tentèrent vainement l'assaut. L'Aquitaine et la France en armes attendirent longtemps devant Bellac, espérant qu'au moins Boson II, pressé par la famine, céderait enfin. Mais le comte avait prévu le blocus : le roi dut céder et remmener ses troupes (1).

Boson II, empoisonné par sa femme vers l'an 1006, fut enterré à Périgueux.

Le x<sup>e</sup> siècle avait fini, frappé de Dieu par des fléaux terribles : en 987, famine et épidémie; en 989, peste; de 990 à 994, famine et peste; du 13 novembre 993 au 15 mai suivant, on jouit à

---

(1) Willelmus, accepta in matrimonio Adalmode, conjuge (*) supradicti Aldeberti, Robertum regem accersivit ad capiendum castrum Bellacum, quod tenebat Boso. Construxerat ipsum castrum Boso Vetulus in Marca lemovicina. Omnis Francia bellatrix eo confluxit et Aquitania ; sed, frustrata, post multos dies cum suo rege recessit. — *Rerum gallicarum*, T. X, p. 146.

(*) *L'Art de vérifier les dates* et le *Recueil des historiens de France*, T. X, p. 146, note *e*, pensent qu'Ademar se trompe en faisant épouser par le duc Guillaume V une Almodis femme d'Aldebert, puisque, d'après Pierre de Maillezais (id., p. 182). Almodis qu'il épousa était son ancienne captive, veuve de Boson II, fille de Guillaume d'Arles et de Candide.

peine de quelques beaux jours; grandes pluies; il gèle le 7 juillet; 995, peste; ensuite la sécheresse est telle que les poissons meurent dans les étangs; des arbres sèchent, et, dans beaucoup d'endroits, les prairies semblent brûlées. En 994, mal des ardents : la chair des malades, comme atteinte par le feu, se détachait de leurs os et tombait en pourriture. En 996, la mer vomit des monstres. On avait cru voir aussi des signes dans l'air : des comètes avaient paru; on avait observé des éclipses et des tremblements de terre. Généralement on croyait à la fin très-prochaine du monde : l'an 1000 serait fatal. Pour comble d'épouvante, le 29 mars, vendredi-saint de cette même année 1000, survint un tremblement de terre qu'on crut universel. Le soir du même jour, un dragon parut dans un nuage. En beaucoup d'autres endroits, plusieurs virent dans l'air des armées de feu (1).

Toutes ces visions fantastiques, créées par l'imagination des hommes du xe siècle, répétées naïvement par les historiens qui suivirent de près cette époque, avaient pour source unique l'indicible terreur qu'un ermite de Thuringe, nommé *Bernhard*, et illustre d'ailleurs, jeta dans tous les esprits, déjà trop préoccupés des fléaux dont ils étaient témoins.

---

(1) Pour ces faits, tant physiques que surnaturels, consultez les chroniques contemporaines dans le Xe vol. des *Rerum gallic.*, etc.

Il confirmait par ces calamités physiques les sottes prédictions de quelques gens grossiers du ix<sup>e</sup> siècle; il assurait que Dieu avait daigné lui révéler à lui-même la fin prochaine et infaillible du monde.

La crainte salutaire opérée par ce préjugé, jointe aux douleurs sensibles de la peste et de la famine, brisa ces cœurs de bronze. Moins préoccupés de la terre qu'ils devaient quitter, les guerriers venaient en foule demander pénitence. On sait que le roi Robert, éminemment charitable, fort lettré et fort pieux, s'en allait chanter l'office de St-Denis avec ses ornements royaux, et qu'il portait la chape au chœur. Mais généralement on dotait les églises et les monastères, et Boson II, homme d'une nature si indomptable, Boson lui-même fonda, dans la haute Marche (997), le monastère d'Ahun, qu'il soumit à l'abbaye d'Uzerche, et rebâtit, la même année, l'église du Dorat, construite par son père et ruinée par les Normands (1). On affranchissait aussi des esclaves par dévotion, et beaucoup de ducs et de comtes se faisaient moines pour mourir sous le froc dans la pénitence. Ainsi, pour ne citer qu'un nom connu, Guillaume-le-Grand vint, à l'exemple de son père, mourir dans l'abbaye de St-Maixent (994). Mais les demandes se multipliaient à tel point que les abbés des monastères dûrent, par prudence, refuser même des empereurs.

---

(1) Mallebay, *Plan*, etc., p. 10.

A l'occasion du mal des ardents, des seigneurs nombreux étaient accourus à Limoges de tous les points de l'Aquitaine pour fléchir Dieu par l'intercession puissante de saint Martial, ce qu'ils obtinrent (1). Les évêques du même duché, venus aussi en pèlerinage, parvinrent à obtenir que tous ces guerriers, aujourd'hui tremblants sous la verge de Dieu, mettraient, pour quelque temps au moins, leur glaive dans le fourreau, respecteraient les églises, n'infesteraient plus les routes, et n'inquièteraient pas les voyageurs, surtout lorsqu'un prêtre ou un moine les accompagnerait. Ils s'engageaient aussi à ne poursuivre aucun créancier, et à n'attaquer personne de puis le mercredi soir jusqu'au lundi matin de chaque semaine (2). Ce pacte, appelé la *treugue* (trève) *de Dieu*, fut observé ensuite dans toute la France. Limoges avait eu l'honneur de l'initiative (3).

(1) Hujus (Josfredi) principatu plaga ignis super corpora Aquitanorum desæviit, et mortui sunt plus 40 millia hominum ab eadem pestilentia. Ideo Josfredus abbas et episcopi Aquitaniæ adunati Lemovicas levaverunt corpus sancti Martialis apostoli, et in montem Gaudii transtulerunt; et exinde, pridie nonas decembris, tumulo suo restituerunt, et cessavit pestilentia ignis. — Ex *Commemor. abbatum Levomic. Sancti Martialis*, auctore Ademaro Chaban., cité dans le T. X, p. 318, *Rerum gallic.*, etc.

(2) Par ce remède désolant on peut comprendre la grandeur du mal.

(3) His temporibus pestilentiæ ignis super Lemovicinos exarsit.... Tunc omnes Aquitaniæ episcopi in unum Lemovicæ congregati sunt : corpora quoque et reliquiæ sanctorum undecumque solemniter advec-

## CHAPITRE TROISIÈME.

Passage du dauphin Louis à Bellac en 1438. — Peste.

On a fait dire aux chroniqueurs que, Charles VII et le jeune dauphin qui fut Louis XI passant à Bellac, la ville donna au prince une lionne de huit mois. J'ai reproduit moi-même cette erreur (1) : rétablissons la vérité.

Les chroniques de l'époque ne font mention ni de Bellac ni de Limoges; le manuscrit latin (2) copié par l'abbé Nadaud dans un vieux registre de l'abbaye de St-Martial semble la seule pièce historique que nous ayons sur ce passage de Charles VII à Limoges. Du reste il respire la bonne foi, et

---

tare sunt ibi ; et corpus sancti Martialis, patroni Galliæ, de sepulchro sublatum est. Unde lætitia immensa omnes repleti sunt; et omnis infirmitas ubique cessavit; *pactumque pacis et justitia a duce et principibus vicissim fœderata sunt*. — *Chron. d'Ademar*, p. 147.

(1) *Bulletin* de la Société Archéologique du Limousin, T. II, p. 254.

(2) Depuis son départ de Limoges, M. Allou a édité le texte. L'abbé Legros en avait donné une traduction dans la *Feuille hebdomadaire* en 1776 ; M. Maurice Ardant en a fait imprimer une autre dans le *Bulletin* de la Société d'Agriculture du Limousin. Bonaventure avait analysé déjà cette relation, T. III, p. 701, 702, 703, 705; mais il y a des choses inexactes.

l'auteur fut témoin oculaire. Or il nous laisse entendre que Charles VII ne vint pas à Bellac : il avait couché au Dorat; il dîna au château de Touron (à cinq lieues de Limoges). Louis dîna au contraire à Bellac, où il avait couché, et vint attendre son père au *Petit-Limoges*. Si Charles VII avait passé par Bellac, le dauphin l'aurait suivi. Ensuite il est faux que les habitants de Bellac aient fait don au prince d'une lionne. Tannegui du Chatel, ancien prevôt de Paris, envoyait cet animal. *Ce fut à Bellac que le dauphin le reçut.* Ce jeune homme, de quatorze ans, était ravi de pouvoir traîner à sa suite cette noble captive, *que tout le monde voulait voir :* aussi l'avait-il fait mettre près de sa chambre dans l'abbaye de St-Martial; mais, celui qui la soignait n'ayant pas pris les précautions suffisantes, elle s'étrangla, en sautant par la fenêtre, pendant la nuit : son maître en eut une vive douleur (1).

(1) Anno ab incarnatione Domini millesimo cccc xxxviii, die lunæ secunda mensis martii, rex Franciæ Karolus cum filio suo Ludovico delphino, primogenito suo, et tunc temporis unico, intraverunt *castrum Lemovicense* (*), et modus receptionis talis fuit : primo ipse rex, qui jacuerat in villa de *Daurato*, pransus fuit in castro de *Touront*, et, dominus delphinus, qui jacuerat in villa de *Bellaco*, et ibidem pransus, expectavit cum in *loco nostro* (**) qui dicitur *Cosay*, vel vulgariter *Petit-Limoges*.......

Nota etiam hic quod *Taneguinus du Chastel*, olim præpositus

(*) Ce qui formait, à proprement parler, la *ville de Limoges* s'appelait *le Chateau*, et la partie la plus ancienne, groupée autour de la cathédrale, se nommait *la Cité*.

(**) La paroisse de *Couzeix* ou du *Petit-Limoges* était à la collation de l'abbé de Saint-Martial, son seigneur et haut justicier. — Nadaud, *Pouillé du diocèse*.

Une peste terrible désola Bellac pendant les deux années 1587 et 1588 (1).

## CHAPITRE QUATRIÈME.

### Siége de 1591.

La ligue, cette immense association des catholiques de France pour repousser du trône un prince calviniste, proclamait par sa résistance qu'un peuple s'appartient à lui-même, et que nul n'a droit de l'exploiter à son profit. Elle dut se dissoudre : plusieurs des siens l'avaient compromise, et de toutes parts on l'attaquait. Toutefois elle eut un résultat heureux, le résultat essentiel : elle mit Henri IV dans la nécessité de donner des garanties

---

parisiensis, transmisit supradicto domino delphino quamdam leonam ætatis VIII mensium, ut dicebatur, *quam recepit in villa de Bellaco*, et secum ibi adduxerat, quam multi viderunt et desiderabant videre; sed, ex infortunio, ille qui eam regebat cum quadam corda quam in collo habebat eam ligaverat, prope fenestras cameræ domini abbatis, non in illa in qua dominus delphinus jacebat, sed in alia de ante, de nocte per fenestram saliens, cum corda quam in collo habebat se suspendit, et ibi mortua est; et propter hoc ipse delphinus multum doluit, et, excorticata, detulerunt secum pellem cum saginea et cauda. — Volume sans titre, communiqué par M. Maurice Ardant.

(1) Mallebay, *Plan*, etc., p. 97.

à la religion de nos pères, pour laquelle ses antécédents faisaient craindre.

Formée, en 1576, à Péronne, par des gentilshommes, et soutenue par Henri III lui-même, elle eut pour chef Henri de Guise, puis Mayenne, qui avait des lieutenants dans chaque province.

L'année du siége de Bellac (1591), le vicomte Louis de Pompadour était chef de la ligue en Limousin.

Gabriel de Rye, seigneur de La Coste-de-Mézières, gouverneur de la haute et de la basse Marche, venait de mourir (1). Louis de Châtaignier d'Abin, de La Roche-Posay, *brave homme, ennemi juré de la ligue pour des ressentiments particuliers* (2), le

(1) Des lettres-patentes du 20 novembre 1385, données par le comte Jean de Bourbon, établissaient son amé écuyer, Jean de La Rye, gouverneur de ses châtellenies de *Ballois*, Bellac, Charroux et Saint-Germain en basse Marche (\*). Gabriel de La Rye, dont il est ici parlé, fut tué au siége de Saint-Yrieix-la-Perche, où la noblesse des environs était accourue sur l'invitation de Charles Turquant, l'intendant habile envoyé par le roi auprès du gouverneur Anne de Lévy de Ventadour, pour arranger les affaires de la province (\*\*). La famille de La Coste-de-Mézières s'est éteinte depuis long-temps. Son manoir, désert et délabré, situé dans la commune de Mézières, près Bellac, est aujourd'hui, avec de nombreux domaines qui en dépendent encore, la propriété de Mme Chérade de Montbron, qui tient à cette famille par les femmes. On lit sur la porte d'entrée du château de La Coste cette espèce d'énigme : *Quit mors, sit triplex, Asole, tropheum.*

(\*) Mallebay, *Plan*, etc., p. 48.

(\*\*) De Thou, T. VII, p. 807. — Le P. Bonaventure, T. III, p. 805.

(2) De Thou, T. VII, p. 807. — Il s'était distingué par son courage à La Roche-l'Abeille (Haute-Vienne), où Coligny et le duc d'Anjou se

remplaçait, mais n'était pas encore à son poste. Pour remplir la vacance, par ordre de Turquant, intendant du Limousin, Jean de La Salle et le consul Genebrias choisirent et installèrent Lacouture, *expérimenté dans le métier des armes et zélé serviteur du roi* (1), ce qui mécontenta beaucoup le *grand nombre.*

En effet, les ligueurs de Bellac voulaient introduire dans la ville un protégé de Georges de Villequier, vicomte de La Guierche, ancien gouverneur de la Marche, commandant pour la ligue dans le haut Poitou et dans la Marche (2), et qui alors parcourait le Berri avec huit cents arquebusiers, trois cents chevaux et trois pièces de canon. Prévenus par l'habileté de quelques concitoyens, qui ne pensaient pas comme eux, ils voulurent dominer par la force. *La plupart* des habitants des faubourgs, alors comme aujourd'hui de beaucoup plus nombreux que ceux de la ville (l'espace compris entre les anciennes murailles), allèrent trouver de La Guierche ou lui écrivirent pour qu'il vînt promptement les venger de leurs adversaires. Le mercredi 8 mai, le vicomte était à Magnac, d'où il envoya

rencontrèrent en 1569. — Nadaud, *Mémoires manuscrits pour servir à l'histoire des guerres de religion dans le diocèse de Limoges*, p. 14.

(1) De Thou, T. VII, p. 808.

(2) Le P. Daniel, T. XI, p. 679.

un trompette invitant la garnison de Bellac à lui ouvrir les portes. La réponse fut un refus formel. Il vint.

Les partisans du roi de Navarre étaient pourtant bien peu nombreux dans cette ville, où l'on comptait quatre ou cinq cents hommes propres à porter les armes. Le 9 mai 1591 il s'en trouvait seulement quatre-vingts, aidés de vingt-cinq manœuvres et de vingt-trois soldats de la garnison, pour soutenir le siège. Ce qu'il y avait enoutre dans l'enceinte d'hommes capables de prendre les armes *étoient plus animés contre eux que les étrangers eux-mêmes.*

Cependant les assiégés avaient envoyé Jean de La Salle, *jeune homme plein de feu et de courage* (1), demander des soldats à Turquant et au comte de La Voulte (2), qui, n'en pouvant céder, écrivirent au sieur de Bermontet de mener sa garnison de Thouron contre de La Guierche ; mais Bermontet venait d'être tué en se rendant au Dorat. Le nouveau gouverneur de la Marche s'était lui-même empressé d'appeler au secours de Bellac le seigneur de Chouppes, ancien commandant d'infanterie dans l'armée du vicomte de Turenne, père du maréchal,

---

(1) De Thou, T. VII, p. 808.

(2) Il était fils du duc de Ventadour, aussi distingué par sa naissance que par son immense fortune. Nommé gouverneur du Limousin après la mort des Guise, il fit son entrée à Limoges au mois d'août 1590. — Bonaventure, T. III, p. 802.

et qui gouvernait alors la vicomté du même nom. De Chouppes allait s'y rendre avec cent chevaux et trois cents arquebusiers lorsque le duc de La Trimouille l'appela dans la ville de Thouars, que le duc de Mercœur venait attaquer (1).

Ainsi abandonnés à leurs propres forces, les royalistes de Bellac fortifient, pendant les deux premiers jours, les endroits les plus faibles de leurs murailles, assignent des postes, et conjurent en vain les habitants de leur prêter secours. Au dehors on cherche, sous prétexte de parlementer, à s'emparer de Lacouture et de La Salle : ceux-ci doivent, par prudence, menacer de mort quiconque parlerait à ses parents des faubourgs, ou proposerait de se rendre.

Heureusement le gouverneur arrive au Dorat, et envoie de Chaumaray-l'Estropiat (2), de La Faye et les capitaines La Ferté et La Vallée avec vingt-trois arquebusiers.

Ce jour-là même, dimanche, le canon tonna de sept heures du matin à quatre heures du soir, et combla le fossé en abattant douze pas de muraille. L'assaut dura jusqu'à sept heures; mais les assiégeants se retirèrent avec grand nombre de blessés et quatre-

(1) *Bulletin de la Société des antiquaires de l'ouest*, 4ᵉ série, 1844-1846, p. 315.

(2) Ce nom rappelle le malheureux capitaine de la Méduse, mort de douleur à Lachenaud, près Bussière-Boffy (Haute-Vienne).

vingts morts. Dans la ville il y eut seulement deux blessés.

Le lundi, nouvelle attaque, nouvel assaut par deux brèches, sur l'une desquelles Feydeau (1), accompagné de ses deux fils et de cinq soldats seulement, fit des prodiges de courage. Les femmes épouvantées par les menaces des ligueurs, se battaient aussi. Quoique mieux disciplinés que la veille, les assiégeants ne purent pénétrer dans l'enceinte, et ils laissèrent une centaine de morts.

Les munitions leur manquaient, et, de leur côté, les assiégés, qui veillaient nuit et jour sur les remparts, ne pouvaient résister long-temps. De La Guierche fait des propositions; les royalistes consultent le gouverneur : armistice jusqu'au jeudi.

Le jeudi 16 mai, on attaque le grand portail, et on a recours à une machine qu'employaient les anciens pour jeter un pont sur les murs des villes qu'ils voulaient prendre. L'artillerie rend cette machine (2) inutile. Une nouvelle brèche ne pourrait être défendue, on manque d'hommes : grande anxiété dans la ville. Enfin, le samedi 18, de Bernay, fils du gouverneur de la Marche, arrive avec vingt cuirasses et le capitaine Bois, qui condui-

(1) MM. Feydeau de L'Aumonerie et de Saint-Christophe revendiquent sa parenté.

(2) Ce fut dans ce siège qu'on en fit usage pour la dernière fois. — *France pittoresque*, article BELLAC.

sait vingt soldats. Ce jeune homme, de dix-sept ans, prend la direction du siége sans que personne ose contredire.

Le dimanche, le canon tente en vain de briser les chaînes du pont-levis placé devant le grand portail. Les arquebusiers de la ville chassent les ligueurs du pont roulant et couvert dont nous venons de parler. Ceux-ci tentent de miner une des tours du grand portail : on les repousse encore, et on brûle leur casemate.

Le mercredi des Rogations et le jour de l'Ascension, le canon joue d'une manière incessante (1); on sape la muraille du côté des tanneries (ouest). Le vendredi, on tente une escalade entre les tanneries et le pont. Genebrias est chargé de l'empêcher. Quinze ligueurs se noient dans le Vincou.

Pourtant, ce même jour, on délibère pour savoir s'il ne faut pas se rendre, et Lacouture sort pour capituler. Quoique toutes les conditions ne soient pas définitivement acceptées, de Bernay les signe : les portes de la ville seront ouvertes le lendemain.

Il n'en fut pas ainsi ; car, cette nuit même, de

---

(1) « Lorsqu'on détruisit partie des murs de Bellac, du côté de La Coste, pour réparer le pavé des places publiques, on trouva dans les murs qui avoient souffert l'effet du canon plusieurs boulets pesant 32 livres chaque. J'en fis porter un à la chambre du conseil du palais le 7 janvier 1761. jour de leur découverte. » — Mallebay, *Plan*, etc., p. 101.

Chamberet (1) vint, accompagné des vicomtes de Châteauneuf (2) et de Montbas, des deux barons de Lestange et de Marval et d'autres seigneurs et gentilshommes, la plupart ses parents ou alliés, qui faisaient soixante cuirasses et quarante soldats. Ce secours inattendu rendant le courage, on rejette les conditions ; de Lacouture reprend le commandement comme capitaine de la place ; Chamberet lui-même *barricade et pioche;* tous s'empressent de l'imiter. Vainement les ligueurs battent les murailles pendant tout le jour : on repousse dans la soirée cinquante des leurs, qui venaient les saper du côté des tanneries. De Lacouture et Feydeau, aidés de cinq hommes, descendent ensuite, au moyen d'échelles, tuer cinq ou six téméraires auxquels l'obscurité avait permis d'entrer dans la muraille pour la démolir. On s'empare du terrain miné par l'ennemi; puis, comme le canon n'y peut atteindre, on fait par là des sorties, et l'on dresse extérieurement une barricade.

Mais les ligueurs lèvent le siége (mardi matin

---

(1) « Louis de Pierre-Buffière de Chamberet, jeune gentilhomme qui avoit toutes les qualités du corps et de l'esprit, et qui joignoit à beaucoup de courage et de politesse beaucoup de pénétration et d'habileté. » — De Thou, T. VII, p. 807. — Lieutenant du gouverneur, il avait déjà défendu vaillamment, contre le vicomte de Pompadour, et peu après contre celui de La Guierche, St-Yrieix, où il commandait.

(2) Charles de Pierre-Buffière, vicomte aussi de Comborn. — Bonav., T. III, p. 803.

28 mai) en apprenant l'arrivée prochaine du prince de Conti, qui conduisait contre eux deux mille hommes et trois pièces de canon. Le siège avait duré vingt-deux jours (1).

Toutefois qu'on ne se méprenne pas sur les dispositions religieuses de la ville de Bellac pendant les

---

(1) Voyez la lettre du consul Genebrias, iv<sup>e</sup> partie, D. — Scévole de Ste-Marthe, *Poésies*, p. 97, attribue l'honneur de la victoire au gouverneur de la Marche :

> Bienheureux fut le jour que ce brave d'Abain,
> De valeur, de bonheur et de sagesse *pluin*,
> Fut nommé par le roi pour chef de la contrée.
> De l'ennemi voisin l'audace conjurée
> T'avoit pris pour objet à son plus grand dessein,
> Et ton triste séjour ne logeoit en son sein
> Qu'une éternelle peur, de ses maux assurée.
> La ligue prenoit pied, et déjà, loin de toi,
> Peu à peu s'enfuyoit l'autorité du roi,
> Sous ce peuple rebelle indignement rangée.
> Mais, sitôt qu'il eut pris de toi possession,
> Il purgea ton pays de cette infection,
> Comme Hercule purgea les estables d'Augée...
> Je ne puis oublier en ma basse chanson
> Le siége de Bellac, des ennemis la honte.
> Avoir là renfermé d'une allégresse prompte
> Ses deux fils généreux, l'espoir de sa maison,
> N'étoit-ce pas montrer en si rude saison
> Un fidéle devoir que la crainte ne dompte ?
> O bienheureux Bellac, bien plus heureux que fort,
> Se faut-il étonner si, aprez maint effort,
> La ligue abandonna le siège et l'espérance,
> Veu qu'avec nos soldats, en cette extrémité,
> Toutes sortes d'amour, de foy, de piété,
> Combattoient à l'envy pour ta juste deffense !
> Je vois le chef confus et sa cavalerie
> Se sauver à la fuite, et laisser aprez soi
> Dedans Montmorillon, témoin de son effroi,
> Son canon, son bagage et son infanterie, etc

guerres de religion. Elle avait reçu l'armée catholique en 1568 : quand cette même armée fut repoussée en 1591, ce fut *surtout* par des gentilshommes étrangers à la localité. Quatre-vingts seulement de ceux qui les combattirent étaient citoyens de Bellac; le reste de la ville était hostile au parti royaliste. Genebrias, il est vrai, rapporte que, dans la première attaque, les ligueurs criaient : *Catholiques, à part !* mais c'était, ajoute-t-il, une ruse de guerre pour semer la défiance et la division parmi les défenseurs de la place, afin que quelques-uns se dissent *meilleurs catholiques pour faire les poltrons*. Du reste, si, dans ce petit nombre, il y avait des protestants, on voit qu'ils comptaient pour bien peu. Mais les sympathies de la Marche et du Limousin pour la réforme ne furent guère plus vives ; surtout elles ne furent pas générales.

C'est que ces provinces avaient alors une foi sincère et active. En particulier le Limousin tenait

Mais (\*) qui n'admirera le secours nécessaire
Mené si à propos, en un temps si contraire,
Par toi dedans Bellac, où ton frere enfermé
Avoit déjà souffert mainte cruelle atteinte,
Et contre l'ennemi, plus fort et mieux armé,
Opposoit un courage incapable de crainte.....
.......... Ta prouesse opportune
Dés lors ouvrit la porte à la bonne fortune.
L'ennemi peu aprez la place abandonna ;
Il nous quitta honteux et canon et bagage,
Et de ses régimens, qu'en proye il nous donna,
Notre soldat vainqueur fit un juste carnage.

(\*) Ste-Marthe, p. 16.

trop au culte des saints qu'il s'honore d'avoir produits en grand nombre. Il aime d'une prédilection toute spéciale les pratiques qui traduisent la foi : ses processions et ses confréries nombreuses l'attestent. Or, dans le protestantisme, rien ne peut satisfaire le désir d'un cœur qui veut se manifester à Dieu publiquement, et qui cherche un aliment convenable à sa flamme pure et sainte. Le Dieu de la réforme est dur et froid comme celui des déistes : il aime l'isolement; et, loin d'exciter le zèle, il laisse l'homme paisible et satisfait dans son indifférence égoïste. Enfanté par l'orgueil humain, le protestantisme n'existe pas comme quelque chose de positif : il n'a ni dogmes ni cérémonies qui parlent au cœur et à l'intelligence par les sens : il est simplement une négation, une ruine du catholicisme. Ne lui donnez donc pas ce nom à la fois si doux et si saint, *religion*. Le protestantisme *n'unit point à Dieu;* il s'appelle d'abord *rationalisme*, et bientôt *impiété*. Un fait assez récent et le plus monstrueux le prouve : Strauss, cet homme qui a osé nier dans un livre l'existence même de Jésus-Christ, a eu pourtant l'honneur d'être nommé à Zurich professeur de théologie protestante. Un sceptique enseignant le christianisme d'une manière officielle!..... Les docteurs ses confrères n'ont rien vu de surprenant dans cette nomination. L'instinct religieux de nos populations encore si pleines de sens et de moralité devina tout d'abord ces conséquences. Les ames lâches que l'intérêt détermine à tout, et les cœurs corrompus qui cherchent la voie large pour n'avoir point à rougir, cédèrent seuls à la séduction, ainsi qu'on le verra. Pourtant, de l'aveu de Théodore de Bèze, le clergé était tolérant, et l'évêque *peu criminel.*

Voici maintenant des faits :

En 1567, la ville de Saint-Junien ferme ses portes aux troupes calvinistes; l'année suivante, au mois d'octobre, elle reçoit au contraire deux fois l'armée des catholiques, qui vient aussi à Bellac (1). Au mois de juillet 1596, St-Junien capitule; mais, pour punir sa résistance, on incendiait les édifices situés hors ville; on massacrait les enfants, et on menaçait de tout exterminer. La ville de St-Germain était franchement catholique (2). Le 14 juillet 1771, le duc d'Alençon fut reçu à Limoges avec *grande pompe et honneur.* On sait qu'il venait pourtant de combattre les huguenots de l'Auvergne. Les consuls, le gouverneur Brussel et bon nombre des habitants allèrent jusqu'à Bourganeuf lui porter les clefs de la ville (3).

Limoges chassa les huguenots de St-Léonard,

---

(1) Nadaud, *Mém. manuscr. pour servir à l'histoire des guerres de religion*, p. 6. — M. l'abbé Arbellot, *Histoire de la ville de St-Junien*, p. 206.

(2) Bonaventure, T. III.

(3) Idem, p. 796.

de Solignac et de Chalusset en 1576. Il mit en quartiers deux gentilshommes poitevins qui avaient pénétré dans ses murs pour le surprendre au profit des hérétiques (1579) (1). La reine de Navarre connaissait si bien l'antipathie des habitants de Limoges pour l'hérésie de Calvin que, en 1573, elle en montra son mécontentement aux consuls Jean Pénicaud et Marcel Dubois des Taules, envoyés avec deux bourgeois la saluer quand elle allait à Paris traiter le mariage de son fils avec Marguerite, sœur du roi. Ces députés l'ayant rencontrée (26 janvier) à Morenyls, près de Périgueux, un secrétaire d'Etat de la princesse, leur parlant à part, dans la salle même de réception, « *reproche arrogamment et rudement que les citoyens de Limoges étoient ses plus malings et désobéissants sujets ; qu'ils avoient refusé de lui obéir... même ces derniers jours, qu'elle avoit voulu établir audict Limoges l'exercice de la religion où elle avoit élu domicile.* Les députés plus modestement remontrèrent *le danger et dommage qui suivroit l'institution de ladicte nouvelle religion au milieu d'un peuple catholique et singulièrement zélé à sa religion* (2) ». Aussi Méri de Vic, maître des requêtes à Limoges, homme d'esprit et d'une fidélité à l'épreuve, envoyé par la cour pour servir de conseil au jeune gouverneur, en priant le

(1) M. Leymarie, *Histoire de la bourgeoisie*, T. II, p. 457—58.
(2) *Limousin historique*, T. I, p. 17. — Extrait du 2ᵉ registre consulaire manuscrit de la mairie de Limoges.

comte de La Voulte de rentrer dans Limoges en 1589, l'invitait à mener peu de suite avec lui, *afin de ne pas donner à ce peuple farouche et défiant occasion de se soulever* (1). Tulle, surprise par Turenne (6 septembre 1585), avait déjà arraché à la maison de Ventadour la promesse de fonder, dans ses murs, un collége où la jeunesse serait instruite par les jésuites. Tulle et Brive s'empressèrent d'adopter les confréries de pénitents, dont l'institution ne datait que de quelques jours. Tulle encore, quand Turenne, menacé jusque dans son château, rappela son lieutenant le farouche Lamorie, Tulle manda bien vite le baron de Montignac pour se prémunir contre une nouvelle surprise, et, pour perpétuer le souvenir de sa délivrance, elle institua une procession solennelle; elle prit aussi cette devise : *Fide et fidelitate immota* (1586) (2). Brive se distingua par son *acharnement* à combattre les protestants : « La cité catholique ne savait pas transiger avec l'hérésie (3) ». Felletin, quoiqu'il eût été surpris par les huguenots, et que le vicomte de Turenne trouvât des secours dans sa garnison (4), n'en était pas moins catholique : autrement ses consuls, *unis à la majeure et à la plus*

(1) De Thou, t. VII, p. 559.

(2) M. Marvaud, *Histoire du bas Limousin*, T. II, p. 342, 348, 352.

(3) Idem, p. 356.

(4) Bonaventure, T. III, page 794.

*saine partie de la ville*, n'auraient pas spontanément et si tôt (1621) fondé le collége *pour prémunir leurs enfants et ceux de la contrée contre l'hérésie de Calvin* (1). Enfin Aubusson même n'appartint jamais complètement au calvinisme, dont il était le principal foyer dans la haute Marche. En 1603 les protestants n'y avaient *qu'un modeste temple, couvert en chaume* (2). La petite ville de Rochechouart, si voisine de l'Angoumois, est la seule de notre province où le calvinisme se soit implanté d'une manière sérieuse. Des chefs de famille assez influents rétribuaient le ministre, qui se retira néanmoins en 1600, parce qu'il ne trouva pas deux ou trois religionnaires qui promissent de lui donner des *gages suffisants dont ils seroient caution*. Des confrères plus faciles le remplacèrent ; mais il fallait avoir souvent recours à des ministres *étrangers;* et peu à peu ils disparurent sans violence (3).

Ainsi beaucoup de villes furent conquises dans nos *contrées*, mais non pas converties : souvent elles se divisèrent en factions ennemies; mais ces factions étaient inspirées par la politique, non par la reli-

---

(1) Procès-verbal de la séance, cité par M. Arbellot dans sa *Notice historique sur le collège de Felletin*.

(2) M. Félix Leclerc, *Album de la Creuse*, article Aubusson.

(3) Papier consistorial de l'église de Rochechouart de 1596 jusqu'à 1635.

gion. Autrement comment expliquer les processions générales faites à Saint-Yrieix et à Limoges pendant que les royalistes y dominaient? Comment comprendre que les chanoines de l'église St-Etienne quittassent la Cité, où tous étaient dévoués à la ligue sous l'inspiration de l'évêque, pour se réfugier dans le Château, d'où l'on combattait les ligueurs, et qu'ils chantassent librement l'office à St-Martial (1)? D'ailleurs comment donner aux faits suivants un motif religieux?

Bellac, Saint-Yrieix, Le Dorat, Limoges, catholiques, repoussèrent les ligueurs; mais, d'autre part, Limoges chassa de ses murs le comte de Ventadour, parce qu'on craignait que, comme religionnaire, il livrât la ville aux calvinistes (2). Les communes d'Aubusson, de Guéret et de Felletin, réputées protestantes, se réunirent aussi pour repousser deux capitaines du roi de Navarre, qui venaient de donner inutilement, pendant la nuit, un assaut à la petite ville d'Ahun (3).

C'est que ces villes avaient besoin de sauvegarder, avant tout, leur indépendance: elles ne craignaient pas pour leur foi, qu'elles ne voulaient point trahir; seulement elles étaient lasses des excès auxquels les

---

(1) Bonaventure, T. III, p. 802, 805.

(2) M. Leymarie, *Histoire de la bourgeoisie*, T. II, p. 457.

(3) *Album de la Creuse*, article Arnusson.

deux partis se livrèrent; elles avaient enfin horreur de s'entredéchirer. Quelques-uns, dans cette disposition de leurs esprits, finirent par douter que la ligue fût autre chose qu'une révolte : (1) « Quand donc, se disaient les habitants au désespoir, nos villes cesseront-elles de trembler, et reprendront-elles leur industrie et leur commerce? et les campagnes, devenues désertes, tant elles ont souffert, quand recommenceront-elles leurs cultures interrompues (2)? »

Ainsi pensaient déjà les villes du Limousin qui reconnurent le Béarnais à la mort d'Henri III (1589). Mais ne dites pas que l'amour de nos pères pour la royauté les retint dans la vieille foi catholique. Bellac, comme Limoges, relevait immédiatement du roi, hérétique en 1591.

Il est constant que la population de la Marche, comme celle du haut et du bas Limousin, apprit avec joie l'abjuration d'Henri IV; comme les bourgeois de Limoges, elle dut convenir, tout en vantant les qualités du bon roi, *que ces belles vertus sembloient perles précieuses cachées dans la terre sans la religion catholique* (3). Enfin voici comment les bailes de la

(1) Bonaventure, T. III, p. 801.

(2) *Mémoires pour servir à l'histoire des guerres de religion en Limousin.*

(3) *Histoire de la bourgeoisie*, T. II, p. 459. — *Histoire du bas Limousin*, T. II, p. 383.

confrérie du St-Sacrement établie dans la paroisse de St-Pierre-du-Queyroix, à Limoges, racontent les premiers succès des sectaires dans la ville. On sait que ces confrères, qui se recrutent eux-mêmes, et dont le nombre est restreint, appartiennent aux premières familles de la paroisse.

« Et, quant à la présent ville, plusieurs jeunes gens et jeunes enfants des riches maisons de la ville, ensorcellés et empestés de ladicte religion nouvellement forgée par quelques foriens, ayant gaigné et séduit par quelques aulmones qu'ils fesoient plusieurs pauvres gens, et étant renforcés de plusieurs vacabonds, gens de mauvaise vie et escume de ladicte ville, firent plusieurs assemblées et presches en armes par les meytairies et losges des vignes de ladicte ville, puis aprez prindrent et saisirent l'esglise Saincte-Vallerie, où ils firent faire plusieurs presches à leur fantésie par je ne sais quels ministres de la nouvelle religion, partie desquels avoient esté bapteleurs et joué plusieurs badineries dans ladicte ville...... tellement que le nombre s'augmenta de plusieurs qui auparavant n'avoient vescu selon estat et sans faire tort à leur prochain. Car *ne purent gaigner* à leur religion faicte à la poste *ung homme, pour dire ung homme de bien qui a vescu honnétement selon son estat toute sa vie* (1). »

Une gloire propre au catholicisme c'est que ceux qu'il

(1) *Limousin historique*, T. 1, p. 9.

enlève aux autres religions l'ont, en quelque sorte, mérité par leur amour pour l'étude, ou par leur probité exquise, ou par leur admirable pureté de mœurs. Témoin, dans ces derniers temps, Hurter, le savant historien d'Allemagne, Newman, le grand théologien protestant, et cette foule de ministres anglicans qui, pour assurer leur salut en entrant dans la barque de Pierre, n'ont pas hésité à sacrifier des biens considérables. Ce qui rappelle l'aveu échappé à un ministre protestant d'Allemagne dans une voiture publique où il rencontra le supérieur des missions de France : « *Vous nous cedez votre lie, et vous nous prenez notre crême* (1) ».

## CHAPITRE CINQUIÈME.

Passage d'Henri IV et de Louis XIII à Bellac.

---

Le 12 octobre 1605 (2), Henri IV vint coucher

---

(1) *Foi et Lumières*, p. 198.

(2) Dans l'espérance de pouvoir citer quelque lettre écrite par le bon roi pendant son séjour à Bellac, nous avions prié M. Berger de Xivrey, membre de l'Institut, de vouloir bien nous communiquer celles qu'il pourrait avoir, puisqu'elles n'avaient pu paraître dans les cinq premiers volumes de son beau recueil. Nous avons reçu les fragments de trois billets dont les autographes appartiennent à M. Feuillet de

à Bellac chez le consul Genebrias (1), et il y demeura quelques jours. La campagne qu'il avait parcourue de Bussière-Poitevine à Bellac, et les coteaux couverts de vignes et de forêts qu'il vit de sa chambre à coucher, lui plurent sans doute : *il y voulut avoir le plaisir de la chasse.* Le clergé, les magistrats et les avocats du Dorat vinrent en corps offrir leurs hommages à Sa Majesté (2).

Conches, chef du protocole au ministère des affaires étrangères. Le premier a dû être écrit à Lussac-le-Château, ou au château de Busserolles, commune de Bussière-Poitevine (Hte-Vienne), et les deux autres l'ont été à Limoges. Voici le premier, qui nous intéresse :

« Je n'ai point, écrit M. de Xivrey, de lettre d'Henri IV datée de Bellac. Seulement, dans une lettre à Marie de Médicis, du 12 octobre, sans indication de lieu ni d'année, mais évidemment de 1605, il dit :

« Mon cœur, je n'ay manqué un seul jour, despuis vostre partement, » à vous escrire. Nous allons coucher annuit à Bellac, et demain à » Lymoges, où je vois bien, comme les affaires se présentent, que » mon retour ne sera si prompt que je le pensois... »

(1) L'ancienne maison Genebrias est celle qu'habite actuellement M<sup>me</sup> veuve Bussière des Rochères, près du palais de justice. On a renouvelé la façade. Le roi coucha au premier, dans la partie conservée du côté de la côte.

(2) « Le roi Henry IV fut, en ladite année 1605, dans le Limousin ; fit son entrée à Limoges le 20 octobre, accompagné de deux à trois cents hommes, tant de cheval que de pied, entre lesquels étoient le duc d'Epernon, gouverneur du Limousin, les sieurs de Roquelaure et de Créqui, MM. les princes de Soissons, de Joinville, d'Eguillon, de Montbazon, les sieurs de Lescure, de Rosny, de Fourailles et autres ; il descendit premièrement à Poitiers, puis vint à Lussac-le-Château, et logea au logis de M. de Mortomard; puis il vint à Bussière-Poitevine, et dîna au lieu et château de Busserolles. Après dîner il se fit une grande éclipse de soleil, l'une des plus grandes que l'on eût jamais

En 1632, à son retour du Languedoc qu'il était allé pacifier, Louis XIII passa par notre province vues. Le roi se fit porter dans une chambre haute de la grosse tour où il avoit dîné un fagot de paille de froment ou de seigle, se coucha dessus, et y dormit quelque temps, ayant fait mettre ladite paille au milieu de ladite chambre. D'illec fut à Bellac coucher, où il demeura quelques jours, y voulut avoir le plaisir de la chasse. Feu mon père, maître Jean Robert, lieutenant-général de la basse Marche au siége royal du Dorat, accompagné de tout le clergé du Dorat et de tous les officiers et avocats en habits décents, y fut lui faire une belle harangue, où il fut présenté devant le roi par Gaspard de Schomberg, gouverneur du pays de la Marche. Après le discours fait, le roi lui dit qu'il avoit toujours affectionné Le Dorat, et qu'il l'affectionneroit toujours, et dit auxdits sieurs princes et audit sieur de Schomberg que, depuis Paris, il n'avoit point rencontré aucun qui l'eût mieux contenté que ce vieillard. De Bellac il fut à Lymoges, où il fit deux entrées : l'une premièrement comme vicomte de Lymoges, sans autre apparat; et l'autre, deux jours après, en roi. L'occasion de sa venue dans le Limousin étoit pour mettre des garnisons dans le château de Turenne et aux villes et forts de ladite vicomté, à cause, ainsi que l'on disoit, de quelque entreprise faite par le vicomte de Turenne et quelque noblesse du pays contre Sa Majesté. Peu de jours après, furent exécutés à Limoges cinq gentilshommes, entre lesquels étoient le baron de Casterac et quelques autres, exécutés en effigie. » — Robert, d'après dom Fonteneau, 31ᵉ vol., p. 531.

Le savant évêque de Tulle Mgr Léonard Berteaud, propriétaire des manuscrits de MM. Robert, a mis la plus grande complaisance à nous les communiquer : cependant, comme d'autres lecteurs les ont peu respectés, nous avons dû, pour certains passages, avoir recours à la copie qu'en a faite le bénédictin dom Fonteneau, dont la précieuse collection se trouve à la bibliothèque de Poitiers. Tous les extraits empruntés à dom Fonteneau sont dus à l'obligeance empressée de M. Bonsergent, conservateur de cette bibliothèque. — Les historiens de Limoges : Descoutures, registre appartenant aux archives de la mairie, Annales du Limousin jusqu'en 1638, manuscrit de la bibliothèque de la ville, et la foule des copistes venus après eux racontent qu'Henri IV fit sa première entrée à Limoges, *comme vicomte,* pour rentrer à Paris. Parti de Limoges, le lendemain matin de son arrivée, après la messe, il vint dîner à Bellac, où il voulut boire sans doute du vin du crû, ce vin à *teindre les nappes* dont parle La Fontaine, et qu'il baptisa *tromperie de Bellac.*

## CHAPITRE SIXIÈME.

Bellac refuse de recevoir l'armée de la Fronde. — Passage de La Fontaine et de Fénelon. — Pacte avec les brigands de Chalusset.

Mallebay de Lamothe nomme pompeusement *IIIe siège de Bellac* une apparition faite, devant cette ville, en 1649, par les factieux connus dans l'histoire sous le nom de *frondeurs.* Le cheval du duc de Longueville fut tué sous lui à la porte du faubourg de La Chapelle, ce qui lui fit craindre une sérieuse résistance, et l'empêcha d'insister; mais ses soldats dévastèrent la campagne,

le 14 octobre, et qu'il prolongea son séjour jusqu'au 23. Pour son *entrée solennelle*, le 20, *il sortit* seulement dîner au faubourg Mont-Jauvi dans une maison distante d'environ cinq cents pas. Le récit de Pierre Robert nous est plus favorable; mais nous n'avons pu nous persuader que le roi restât, sans motif, du 12 au 20 octobre, chez un bourgeois de Bellac; tandis qu'il n'aurait passé que trois jours à Limoges, où l'appelaient des affaires qu'il jugeait difficiles à régler, et où il trouvait d'ailleurs un logement commode, le *palais du Breuil* (aujourd'hui la préfecture).

dit un ancêtre de l'historien dans un journal laissé par lui (1).

Sous le même règne, Jean de La Fontaine visita Bellac en se rendant à Limoges par Chatellerault. Dans une lettre écrite à sa femme (Limoges, 19 septembre 1663), et reproduite par M. Walckenaër (2) d'après M. Monmerqué, conseiller à la cour royale de Paris, qui l'édita en 1820, nous pouvons voir l'impression défavorable qu'il en garda :

« A Chavigny, misérable gîte, commencent les mauvais chemins et l'odeur des aulx, deux propriétés qui distinguent le Limousin des autres provinces du monde.

» Notre seconde couchée fut Bellac. L'abord de ce lieu m'a semblé une chose singulière, et qui vaut la peine d'être décrite. Quand, de huit ou dix personnes qui y ont passé sans descendre de cheval ou de carrosse, il n'y en a que trois ou quatre qui se soient rompu le cou, on remercie Dieu.

> Ce sont morceaux de rochers
> Entés les uns sur les autres,
> Et qui font dire aux cochers
> De terribles patenôtres.

> Des plus sages à la fin
>     Ce chemin
> Epuise la patience.
> Qui n'y fait que murmurer,
>     Sans jurer,
> Gagne cent ans d'indulgence.

(1) *Plan*, etc. p. 107.
(2) OEuvres complètes de J. de La Fontaine, T. II, p. 667.

» M. de Châteauneuf (1)

> L'auroit cent fois maudit,
> Si d'abord je n'eusse dit :
> Ne plaignons point notre peine :
> Ce sentier rude et peu battu
> Doit être celui qui mène
> Au séjour de la vertu.

» Votre oncle reprit qu'il falloit donc que nous nous fussions détournés : « Ce n'est pas, ajouta-t-il, qu'il n'y » ait d'honnêtes gens à Bellac aussi bien qu'ailleurs ; » mais quelques rencontres ont mis ses habitants en mauvaise odeur ». Là-dessus il nous conta que, étant de la commission des grands-jours (2), il fit le procès à un

(1) « Par suite des persécutions dirigées contre Fouquet, Jannart, son ami et son substitut dans la charge de procureur au parlement, fut exilé à Limoges, où la femme de Fouquet avait été aussi reléguée. Un valet de pied du roi, nommé Châteauneuf, eut ordre d'accompagner Jannart jusqu'à Limoges. Ce magistrat avait épousé Marie Héricart, tante de M${}^{me}$ de La Fontaine. Voilà pourquoi notre fabuliste le suivit dans son exil. » — *Note de* Walckenaër, *OEuvres de La Fontaine*, T. II, p. p. 626.

(2) « Les guerres civiles ayant interrompu le cours ordinaire de la justice, et entraîné beaucoup de désordres, principalement dans le Poitou, le roi jugea devoir y faire tenir une cour de grands jours, et nomma, en 1634, une commission de conseillers au parlement de Paris, et de maîtres des requêtes, présidés par M. Séguier. On renouvela depuis cette mesure. On doit remarquer que la sénéchaussée de Bellac était régie par le droit écrit, et les appellations en étaient portées au parlement de Paris. » — V. *Abrégé de l'histoire de France*, T. VI, liv. VIII, chap. V, p. 130 ; — Expilly, *grand Dictionnaire des Gaules et de la France*, T. I, p. 558 ; — M. de Walckenaër, id., p. 668. — Le lieutenant assesseur de robe courte du vice-sénéchal de la basse Marche qui fut pendu se nommait Louis Montfaucon dit *Mourier* : il fut convaincu de grand nombre de *concussions*, *voleries et malversations* par lui commises en l'exercice de sa charge. Jean Audebert, prévôt provincial de la basse Marche, fut mis en prison, et

lieutenant de robe courte de ce lieu-là, pour avoir obligé un gueux à prendre la place d'un criminel condamné à être pendu, moyennant vingt pistoles données à ce gueux et quelques assurances de grâce dont on le leurra. Il se laissa conduire et guinder à la potence fort gaiement, comme un homme qui ne songeoit qu'à ses vingt pistoles, le prévôt lui disant toujours qu'il ne se mît point en peine, et que la grâce alloit arriver. A la fin le pauvre diable s'aperçut de sa sottise; mais il ne s'en aperçut qu'en faisant le saut, temps mal propre à se repentir et à déclarer qui on est. Le tour est bon comme vous voyez, et Bellac se peut vanter d'avoir eu un prévôt aussi hardi et aussi pendable qu'il y en ait.

» Autant que l'abord de cette ville est fâcheux, autant elle est désagréable; ses rues vilaines, ses maisons mal accommodées et mal prises. Dispensez-moi, vous qui êtes propre, de vous en rien dire. On place en ce pays-là la cuisine au second étage. Qui a une fois vu ces cuisines n'a pas grande curiosité pour les sauces qu'on y apprête. Ce sont des gens capables de faire un très-méchant mets d'un très-bon morceau. Quoique nous eussions choisi la meilleure hôtellerie, nous y bûmes du vin à teindre les nappes, et qu'on appelle communément la (1) *tromperie*

---

y resta longtemps. Gaspard de Nuchesse, seigneur de La Brulonnière et de La Motte de Persat dans la basse Marche, emprisonné pour diverses violences et exactions envers ses sujets, dut payer 15,000 liv. d'amende au roi et 8,000 de restitutions à ses parties adverses, sans compter les dépens du procès; peu s'en fallut même qu'il ne fût puni de mort. Il fut enjoint aux curés et bénéficiers ayant charge d'ames de résider d'une manière plus assidue. » — Joulliettou, **Hist. de la Marche**, T. II, p. 355.

(1) Le proverbe est aujourd'hui menteur : les bourgeois de Bellac ont pour leurs amis d'excellent vin, et celui qu'ils recueillent, quoique

*de Bellac.* Ce proverbe a cela de bon que Louis XIII en est l'auteur.

» ...... Je cajolai la fille du logis sur sa coiffure : c'était une espèce de cale (1) à oreilles des plus mignonnes, et bordée d'un galon d'or large de trois doigts. La pauvre fille, croyant bien faire, alla quérir aussitôt sa cale de cérémonie pour me la montrer. Passé Chavigny, l'on ne parle quasi plus françois; cependant cette personne m'entendit sans beaucoup de peine. Les fleurettes s'entendent par tous pays, et ont cela de commode qu'elles portent avec elle leur trucheman. Tout méchant qu'étoit notre gîte, je ne laissai pas d'y avoir une nuit fort douce. Mon sommeil ne fut nullement bigarré de songes, comme il a coutume de l'être.

» M. Jannart se leva devant qu'il fût jour : mais sa diligence ne servit de rien ; car, tous nos chevaux étant déferrés, il fallut attendre; et, pour mes péchés, je revis les rues de Bellac encore une fois. Tandis que je faisais presser le maréchal, M. de Châteauneuf, qui avoit entrepris de nous guider ce jour-là, s'informa tant des chemins que cela ne servit pas peu à lui faire prendre les plus longs et les plus mauvais. De bonne fortune notre traite n'étoit pas grande : comme Limoges n'est éloigné de Bellac que d'une petite journée, nous eûmes tout loisir de nous égarer ; de quoi nous nous acquittâmes très-bien, et en gens qui ne connoissent ni la langue ni le pays. »

d'une qualité médiocre, fait une boisson délicieuse dans les premiers mois de l'été.

(1) « Voici la définition qui est donnée du mot *cale* dans la 1ʳᵉ édition du Dictionnaire de l'Académie française, 1696, in folio, T. I, p. 85 : « Il signifie une espèce de bonnet et de coiffure de tête pour les

Notre malin fabuliste dut être sous une bien fâcheuse influence pour ne pas trouver enchanteur le paysage à la fois pittoresque et gracieux que forme, vu du haut des côtes, le bosquet de la Corre, entouré de vignes fertiles et des maisons blanches de Chapterie, puis baigné par le Vincou, qui s'endort au bruit des moulins et des chants des ouvriers tanneurs, tandis que, sur l'autre rive, se dressent en amphithéâtre, sur le rocher devenu fécond, mille petits jardins, et enfin l'église avec son clocher un peu lourd depuis qu'il a fallu abattre ses flèches ébranlées par la foudre, mais majestueux encore à ce point de vue. Dans toute l'ancienne enceinte, nommée *le Fort*, les rues sont même aujourd'hui, ce qu'elles furent toujours, mal entretenues et d'une effrayante rapidité. Dans la partie

femmes de fort basse condition ; il veut dire aussi les femmes mêmes qui portent cette sorte de bonnet : *Il n'y avait que des cales ; toutes les cales étaient là* ».

» On ne trouve plus ce mot sous aucune de ces deux significations dans les dernières éditions du Dictionnaire de l'Académie. » — Note de Walckenaër, p. 626.

Aujourd'hui encore, à Bellac, on nomme *calées* les femmes de la campagne. Il paraît pourtant qu'en Limousin cette coiffure était portée assez généralement ; car, dans la première lettre de la relation du voyage en Limousin, datée de Clamart près Meudon, 25 août 1663, édition de Walckenaër, p. 625, La Fontaine écrit à sa femme : « On nous a dit, entre autres merveilles, que beaucoup de Limousines de la première bourgeoisie portent des chaperons de drap rose sèche sur des cales de velours noir ». — Le chaperon était un ornement de la coiffure des femmes.

supérieure elles sont larges et bien pavées. Les maisons sont commodes et généralement bâties en pierre. La ville va fuir peu à peu les bords escarpés du Vincou pour s'asseoir plus à l'aise, près de la route de Limoges à Confolens et à Poitiers, et déjà, en peu d'années, un seul propriétaire, M J.-B. Couturaud, marchand quincaillier, y a construit sept élégantes maisons.

Une lettre de Fénelon à la marquise de Laval (22 mai 1681) (1) nous apprend que, étant encore simple abbé, il fut reçu avec grande pompe à Bellac. « Oui, madame, n'en doutez pas, je suis un homme destiné à des entrées magnifiques. Vous savez celle qu'on m'a faite à Bellac dans votre gouvernement; je vais vous raconter celle dont on m'a honoré en ce lieu » (Carénal, bourg du Quercy, sur la Dordogne: Fénelon s'y rendit, en 1681, pour prendre possession du prieuré que l'évêque de Sarlat, son oncle, venait de lui résigner).

Il raille, il est vrai, délicieusement les complimenteurs qui, dans des discours sans fin, le comparèrent successivement au soleil, à la lune et à tous les astres. Il n'en faut pas conclure qu'on fût ridicule chez nous. Ce qu'il y a de vrai dans le rapprochement, c'est qu'on vit même affluence et mêmes marques de respect pour cet abbé grand-

(1) Lettre 4ᵉ de sa correspondance, OEuvres, édit. de Lefèvre, 1838, T. V, p. 246.

seigneur dont les qualités éminentes présageaient le brillant avenir.

Nous plaçons ici pour ne pas le négliger un fait connu de nous trop tard pour être inscrit dans l'ordre chronologique :

En 1389, les habitants de Bellac, pour se rédimer des vexations des *Anglais* qui occupaient le château de Chalusset, pactisèrent avec eux moyennant une certaine somme qu'on devoit leur porter, dit Nadaud, *Mém. man.*, T. I. Il aurait dû dire avec les *brigands*, commandés par Perrot-le-Bernois, protégés par l'Angleterre, et qui, comme l'exprima fort bien au lit de mort le capitaine d'une bande semblable, s'intitulaient *Anglais afin de se trouver en pays conquis et d'user largement du droit de conquête*. La domination anglaise avait cessé de fait en-deçà de la Garonne, et particulièrement en Limousin, dès la rupture du traité de Bretigny (1) (1369).

(1) M. Grellet-Dumazeau, *Bulletin de la Société historique du Limousin*, T. III, p. 40.

## CHAPITRE SEPTIÈME.

### De 1791 à 1795.

Buisson, major de la garde nationale, s'était rendu à Limoges avec son détachement pour assister à la fête de la fédération. Pendant son séjour dans cette ville il reçut bon accueil des *Amis de la constitution*, qui lui remirent leurs statuts. Rentré à Bellac, il s'empressa de réunir, dans la maison des Doctrinaires, un grand nombre de patriotes, tous heureux d'être membres d'une société semblable. Le registre des *Amis de la constitution*, plus tard *Amis de la liberté et de l'égalité*, nous a fourni des détails à la fois bien tristes et bien curieux sur Bellac pendant ce terrible ouragan qu'on nomme la révolution (1). Peut-être eussions-nous bien fait de publier l'analyse que nous en avons faite, puisque le ciel est encore gros d'orages. La crainte d'une révélation certaine quoique tardive prémunit contre de criminelles faiblesses.

Nous dirons seulement, mettant à part les résultats heureux de la révolution, que, pour Bellac

(1) Ce registre nous a été communiqué par M. Joseph Badou-Maubert, propriétaire à Limoges.

aussi, ce fut une époque de malheur et de honte. L'enthousiasme inspiré par cet élan convulsif est écrit dans les trois lettres qu'on va lire. Il se traduisit aussi par la formation d'un atelier de bayonnettes que dirigèrent avec intelligence Duchiron et Doucet. Un jour (22 prairial an II—1794) toute la Société Populaire et une foule d'autres citoyens s'en allèrent dans les forêts voisines couper le bois nécessaire à l'atelier de salpêtre. La Société Populaire fournissait depuis, chaque jour, six de ses membres à cet atelier.

Les sentiments religieux de cette population ardente et passionnée se manifestent par la condescendance envers le clergé de la ville, le soin respectueux que l'on met à ne point déranger l'heure des offices, l'empressement avec lequel la Société sollicite du conseil municipal l'autorisation d'armer les gardes nationaux pour les ostensions de 1792, et, en 1793 encore, par l'honneur que ces républicains attachent à *porter* l'image de la sainte Vierge dans la procession du mois de mai. Hélas! bientôt ces mêmes hommes deviennent impies et farouches, moitié par peur, moitié par fanatisme. Ils applaudissent à la stupide et lâche abjuration de Charraing, leur ancien vicaire, eux qui pourtant appellent en secret le prêtre pour leurs parents malades. On nomme des espions pour surveiller qui fermera sa boutique les jours de dimanches et de fêtes, ou qui ne la fermera pas le décadi. Des émissaires sont chargés de *s'entendre avec les sociétés populaires de chaque canton pour prémunir les frères contre les dangers de la superstition et contre les suggestions des prêtres ennemis de la raison et de la vérité, prêtres qu'il faut surveiller avec le plus grand soin.* Suspectant même ceux qui sont venus à eux en sacrifiant tous principes, les amis de *la liberté et de l'égalité* demandent au comité révolutionnaire un rapport sur les prêtres constitutionnels; enfin on brûle, sur la place de la Fraternité, tout ce qu'on peut emporter de l'église (1).

Le 3 ventôse an II, chaque membre de la Société Populaire répète individuellement ces paroles niaises de la Société de Moulins, en date du 17 nivôse, au comité de Salut-Public :... « Je jure de n'avoir jamais d'autre religion que celle de la nature (c'est celle des sauvages qui s'entre-dévorent), d'autre temple que celui de la Raison, d'autres autels que ceux de la Patrie, d'autres prêtres que nos législateurs, ni d'autre culte que celui de *la Liberté, de l'Egalité et de la Fraternité* » (dont les dévots disaient : Ma volonté ou la mort!)

(1) Joachim Labetoulle, inspiré par les traditions de foi et de piété de sa famille, ayant, la nuit précédente, enlevé, au péril de ses jours, une statue de la sainte Vierge qu'on regardait comme miraculeuse, Desbordes, grand-père de M. Labeige, avait lutté de générosité avec le bon Joachim pour s'exposer au péril de garder ce précieux dépôt. Labetoulle le cédait enfin parce qu'on allait visiter sa maison. Un misérable aperçut Desbordes chargé de ce fardeau, et le dénonça. La statue eut le sort des autres.

Les premiers discours des *Amis de la constitution* prêchaient, avec l'amour de la liberté, l'horreur de la licence; on disait : « On ne peut être injuste et républicain »; et bientôt il faut trembler d'être suspect. Genty-Laborderie, quoiqu'il ne fût pas noble, ainsi qu'il le prouva, venait de donner trois cents francs pour les parents des soldats volontaires (septembre 1793). Quinze jours après, on le raie comme suspect. Son perruquier Colin et son ami Grateyrolle, avoué, ont seuls le courage de reconnaître son civisme. On s'indigne de rencontrer plus de deux aristocrates ensemble; on reproche les visites faites jadis chez les *ci-devant nobles* : ce qu'on admire c'est la Montagne et *l'immortel Marat*, et les écrits les plus extravagants servent d'aliment ordinaire au club. Enfin, le 20 thermidor an II, le comité des rapports propose, par mesure de sûreté, de regarder *comme ennemis de la société et d'exclure quiconque aura des rapports, directs ou indirects, avec les suspects, ou qui sera leur agent, ou qui, ayant avec eux des affaires, ira les trouver sans en avoir prévenu le comité de surveillance.*

Sans doute chacun eut peur d'être pris dans ce piége : on ajourna la proposition. Après la mort de Robespierre, les séances languissent, les associés sont moins exacts, on fait du tapage plus qu'à l'ordinaire. Le dernier procès-verbal du registre est du 15 nivôse an III (4 janvier 1795).

Cette société dominait complètement la ville; tous les comités se recrutaient dans son sein : tout le monde avait intérêt à s'y faire admettre, aussi tous sollicitaient cet honneur. Ses présidents, que nous désignerons plus bas, ne furent pas toujours les plus coupables.

Sur une liste des membres, où plusieurs ne sont pas inscrits, nous avons lu deux cent vingt-deux noms, sans compter plus de quarante femmes, qu'on reçut depuis le 6 octobre 1793, mais auxquelles néanmoins ces partisans fougueux de l'égalité refusèrent toujours le droit de voter.

**Liste des Présidents de la Société Populaire.**

| | |
|---|---|
| 17 juillet 1791. — | De Nesmond, *curé*. |
| 14 août. — — | Buisson, *major de la garde*. |
| 17 sept. — — | Raffard-Panissat. |
| 8 déc. — — | Mallebay-Chabannes, *juge du tribunal du district*. |
| Février 1792. — | Mallebay-Moulinneuf, 1$^{er}$ *juge*. |
| 11 mars. — — | Genty de Laborderie, *juge*. |
| 15 avril. — — | Rivaud du Vignaud. |
| 20 mai. — — | De Lacroix. |
| 24 juin. — — | Rivaud du Breuil. |
| 5 août. — — | Robinaud-Gajoubert. |
| 23 sept. — — | De Nesmond, *curé*. |
| 21 avril. 1793 — | Raffard-Panissat, *procureur syndic du district*. |
| 9 juin. — — | Badou, *receveur du district*. |

| | | |
|---|---|---|
| 15 août. | 1793 — | Faulconnier père. |
| 6 octobre. — | — | Mallebay-Moulinneuf. |
| 27 brum. an II. | — | Seguy-Buxerolles. |
| 27 frimaire | — | Mallebay du Cluseau, *maire*. |
| 3 pluviôse | (1794) | Charreyron. |
| 27 ventôse | — | Lagedamond. |
| 27 germinal | — | Grateyrolle. |
| 30 prairial | — | Badou, *receveur du district*. |
| 20 thermidor | — | Couty aîné. |
| 30 vend. an III. | — | Mallebay-Moulinneuf. |

(Il s'excuse à cause de ses infirmités : cependant on ne le remplace pas.)

| | | |
|---|---|---|
| 30 brumaire | — | Arbellot, *commissaire national*. |
| 5 nivôse | (1795) | Raffard-Panissat, *agent national*. |

---

**Lettre des Volontaires de la première réquisition.**

« Villers-Cotterets, 25 novembre 1791.

» FRÈRES ET AMIS,

» Les volontaires de Bellac faisant partie du 2ᵉ bataillon du département de la Haute-Vienne, animés du plus pur patriotisme, sont partis sans hésiter pour voler au secours de la liberté menacée ; mais, hélas! ils n'ignorent pas qu'en partant ils ont laissé derrière eux de ces ames viles *pour qui* la félicité publique est un tourment ; qui, ayant toujours été injustes, ne peuvent point se familiariser aujourd'hui avec la justice, et dont les priviléges et les usurpations ont fait répandre tant de larmes aux malheureux et aux orphelins. Défenseurs zélés des pères de la patrie, c'est votre Société qui est notre plus ferme appui; c'est en vous que nous mettons notre confiance : vous déjouerez les complots sourdement tramés ; vous surveillerez nos ennemis de l'intérieur. Pour nous, nous osons vous répondre de ceux du dehors: s'il s'y en trouvait d'assez osés pour faire la moindre insulte à ce que nous avons de cher et de précieux, qu'ils tremblent tant qu'il nous reste le moindre souffle. Nous avons resté vingt jours pour nous rendre à Villers-Cotterets : il nous faudroit beaucoup moins de temps pour nous rendre à Bellac.

» Vous apprendrez sûrement avec plaisir, Messieurs, que notre bataillon a de *très-bonnes* dispositions pour l'exercice. Les officiers et sous-officiers ont deux fois par jour l'école de théorie, et les volontaires deux fois l'exercice. Nous ne doutons point que, *sous un mois*, nous ne fassions de s merveilles. Tout cela est dû au patriotisme de nos camarades et au zèle infatigable de M. Jourdan, notre brave lieutenant-colonel, qui a la capacité, la fermeté et toutes les qualités requises pour occuper sa place.

» Le déplaisir que nous avons d'être éloignés de nos foyers est extrêmement modéré par la persuasion où nous sommes que vous voudrez bien nous accorder *un peu de part dans votre souvenir* : c'est la grâce que nous vous demandons *et de nous croire* avec respect,

» Frères et amis,

» Vos très-humbles serviteurs,

» *Les Volontaires de Bellac faisant partie du 2ᵉ bataillon de la Haute-Vienne.*

» Nous avons reçu avant-hier nos armes, qui sont de très-bonne qualité. La distribution en a été faite hier au bataillon.

» *Signé* Genebrias ; Boileau ; Auger fils ; Lacombe ; Blamont ; Raffard ; Massoulard ; Génébrias ; Mosnier ; Fusibay ; Arbellot, capitaine ; Lachalarderie, caporal ; Desgranges ; Massoulard-d'Embet, grenadier ; Buisson, capitaine ; Montjoin, lieutenant ; Vouzelle, sergent-major ; Bussière, sergent-major des grenadiers ; Beissac ; Fayard, caporal ; Constancin, grenadier. »

#### Réponse du Président aux Volontaires.

« Bellac, 1ᵉʳ décembre 1791.

» FRÈRES ET AMIS,

» Hier, pendant la séance, on a entendu avec enthousiasme la lecture de votre lettre. Il a été arrêté par acclamation que le président vous répondroit aujourd'hui pour vous exprimer les sentiments de fraternité de tous les membres de la Société, dont je suis heureux de me trouver l'organe. Vous pouvez compter sur notre affection la plus vive. La Société me charge aussi de vous demander la liste exacte des volontaires de Bellac partis de Limoges avec le 1ᵉʳ et le 2ᵉ bataillon. Les Amis de la constitution tiennent à connaître tous les braves qui sont allés si gaiement repousser l'ennemi. Votre ardeur vous promet la victoire : nous tâcherons d'être aussi fidèles au devoir.

» Je suis, avec le plus irrévocable attachement,

» VOTRE FRÈRE ET AMI,

» *Le Président de la Société des Amis de la Constitution de Bellac*,

« RAFFARD-PANISSAT. »

**Lettre de Lacroix et Rivaud, députés à la Convention.**

« Paris, 24 octobre 1792 (l'an 1er de la République française).

» Citoyens,

» Depuis le moment où nous nous sommes séparés de vous, il s'est opéré une grande révolution. La France, courbée sous le poids du despotisme, avoit cru pouvoir se relever en fixant des bornes à un pouvoir exécutif qu'elle laissoit sur le trône. L'expérience lui a prouvé qu'elle s'étoit trompée : des complots horribles, des trahisons infâmes, ont été projetés et presque exécutés contre la nation française, pour la replier sous le joug qu'elle avoit commencé à *détendre*, pour faire couler le sang de tous ceux qui avoient juré de vivre et de mourir sous les lois de la liberté et de l'égalité. Déjà les papiers publics vous en ont appris une partie : vous ne tarderez pas à savoir le reste d'une manière plus authentique. La France, trompée, ne peut plus confier à un seul le soin de la gouverner. Il falloit donc qu'elle se constituât en république. Les représentants du peuple vont jeter les bases de la constitution et du gouvernement de cette vaste république ; mais leur travail ne sera qu'un projet : il n'aura force de loi qu'après avoir reçu la sanction du peuple dans les assemblées primaires.

» Si nous avons gémi avec vous de l'invasion de notre territoire, nous sommes consolés aujourd'hui en vous apprenant que les phalanges du despotisme ne souillent plus la terre de la liberté. Forcé de reculer au-delà de nos frontières, le général prussien a dû faire passer sur les cadavres de leurs frères les soldats de son armée à demi détruite par la faim, les fatigues, la contagion et le fer de nos braves. La forteresse de Longwy a été rendue, le 22 de ce mois, aux troupes de la république.

Déjà la majesté du peuple français fait fléchir le monarque de Prusse. Nos armées, partout victorieuses, donnent aux nations l'exemple, effrayant pour le despotisme, d'un peuple guerrier et humain qui fait chérir sa victoire aux peuples vaincus. Les tyrans auront appris qu'on ne viole pas impunément une terre conquise à la liberté.

» Amis, célébrons un aussi grand évènement. Que l'allégresse des bons citoyens annonce aux familles incertaines du sort de la république sa gloire, son triomphe et la perspective d'un avenir plus doux ! Qu'elle rassure les ames timides s'il peut en être chez un peuple libre ! Qu'elle fasse comprendre aux conspirateurs, s'il en existe encore, que leurs tentatives seraient vaines ! Qu'elle leur apprenne les supplices réservés aux ennemis du bien public, et la vengeance que nous exercerons contre eux !

» Dans ces jours où la joie publique doit éclater si vive, n'oubliez pas des frères qui veulent accepter, comme vous, les sacrifices que la patrie réclame. Ils ont toujours pris part à vos sollicitudes. Nous savons que vous avez compris combien la constitution relève le citoyen. N'oubliez pas que les hommes de mérite, les hommes vertueux, les hommes de talent, ont seuls droit aux honneurs dans une république. La première vertu d'un républicain c'est une probité austère. Ce qui distingue ce sont les qualités personnelles. Le fils d'un ignorant peut parvenir aux premières places, tandis que le fils d'un savant restera dans l'oubli. Est-il donc rien de plus capable d'exciter l'émulation et de légitimes espérances ? Soyez ainsi de vrais républicains. Régénérez vos cœurs et vos ames; purifiez vos affections; étouffez tout sentiment de haine; animez-vous, soutenez-vous les uns les autres. Nous resterons toujours vos frères affectueux, très-disposés à vous être utiles, quand vous aurez recours à nous.

» *Signé* Lacroix et Rivaud. »

**Fête de la Raison le 10 frimaire an II.**

PRÉSIDENCE DE BUXEROLLES.

« La séance a commencé par l'appel des sociétés affiliées du district et de celle de Limoges. Ceux qui se sont présentés ont été avertis du rang qu'ils devoient occuper pendant la cérémonie, et ont reçu des cartes d'invitation pour le souper fraternel de la Société. Le président a prononcé un discours très-éloquent relatif à la fête de la Raison qu'on alloit célébrer. Il a animé la Société d'un saint enthousiasme pour cette auguste cérémonie. Les commissaires chargés des détails ont dirigé l'ordre de la marche pour aller au temple de la Raison. Les huit tambours du bataillon du district de 1$^{re}$ réquisition ont marché les premiers; les volontaires se sont mis sur deux rangs, sans armes, pour border le cortége. Une musique guerrière marchoit après. Le citoyen Buxerolles, président de la Société, couvert d'un bonnet rouge, marchoit ensuite seul et le premier. La citoyenne Maffrand, fille représentant *la Raison*, étoit à quelques pas en arrière. Elle étoit vêtue de blanc, avoit l'écharpe aux trois couleurs, et le bonnet de la Liberté. Elle tenoit d'une main un flambeau allumé dont la flamme répandoit des rayons éblouissants; de l'autre, elle s'appuyoit sur le bras du citoyen Guiot du Dognon, le plus ancien d'âge de la Société et couvert du bonnet rouge. Derrière elle marchoit gravement sa mère, représentant la Prudence, armée d'une pique. A une autre distance, le citoyen

Charraing-la-Montagne, président du district, portoit la constitution ornée de rubans et de cordons aux trois couleurs; il avoit à sa droite trois jeunes citoyens en uniforme national et en bonnet rouge, et à sa gauche trois jeunes citoyennes, Faulconnier, Mavergner et Buxerolles, en robes blanches et en ceintures aux trois couleurs. Chacun des six tenoit un bout des cordons attachés à la constitution. Derrière ceux-là marchoit majestueusement la citoyenne Faulconnier mère, en costume blanc, en ceinture tricolore; elle portoit le buste de Marat couvert du bonnet rouge, orné d'une couronne de chêne. Elle étoit escortée par cinq citoyens membres de la Société et pères de défenseurs de la patrie. Ils étoient armés chacun d'une pique, au haut de laquelle étoient gravés les noms des Vertus sociales et républicaines. Le reste de la Société marchoit ensuite par pelotons où se trouvoient mêlés les députés des sociétés affiliées et les membres des corps constitués, en costume. La marche du peuple suivoit paisiblement l'ordre de la marche. On a fait ainsi le tour de la ville, et on s'est rendu au temple de la Raison. Arrivé là, on a dirigé la marche du côté d'un autel qu'on avoit préparé. A proportion que la Raison avançoit avec son flambeau, on a vu les Préjugés qui occupoient les marches de l'autel, et qui y folâtroient, descendre avec regret et comme malgré eux, essayer de remonter sans le pouvoir, et pousser des cris de douleur. Ils ont pris la fuite, et ont disparu à l'instant où la Raison a *abordé* les premières marches de l'autel. (Ces Préjugés étoient représentés par des enfants qu'on avoit vêtus d'une manière dérisoire avec des fragments d'ornements sacerdotaux, et qui avoient la figure tachée de noir de fumée.) Le bruit des Préjugés mis en fuite a éveillé deux hommes robustes, habillés en esclaves, enchaînés et couchés de chaque côté de l'autel. A peine les premiers rayons du flambeau de la Raison ont-ils frappé leurs paupières à demi ouvertes qu'ils ont rompu leur chaînes, se sont levés précipitamment, et ont rendu hommage à la Raison. Elle s'est placée au milieu de l'autel, qui, par une métamorphose subite, s'est changé en montagne; elle a reçu à ses côtés la constitution et le buste de Marat. Elle avoit en face les Vertus. Elle étoit belle comme le jour. Elle dominoit sur tout le peuple, et chacun désiroit la posséder. La Prudence étoit toujours derrière elle. Le peuple, qui a parcouru de tous ses yeux les espaces du temple, n'a pas été étonné de le trouver vide de ces images et de ces statues qui avoient été l'objet de ses adorations. Il a vu au contraire avec satisfaction les ci-devant prêtres célébrer la fête de la Raison, et lui prêcher ses maximes. Le citoyen Dubois, député de Limoges, est monté le premier à la tribune. Cet apôtre de la Raison a parlé pendant trois quarts d'heure contre le fanatisme, la superstition et la tyrannie. Il a exécré leurs crimes, et a vanté les charmes et les bienfaits de la Raison et de la Liberté. Le silence le plus profond de la part du peuple n'a pas laissé échapper une seule des grandes vérités qu'il a prêchées. La persuasion et la conviction étoient peintes sur toutes les figures. Le citoyen Bandy, son collègue, a parlé après lui. Même silence, mêmes effets et mêmes applaudissements.

Enfin le citoyen *Chaumière, ci-devant Château*, troisième député de Limoges, a chanté des hymnes patriotiques de sa composition sur l'air *Colinette au bois s'en alla*. Elles étoient d'une gaieté honnête et décente, et ont été relevées par les accompagnements de la musique. La Raison a souri, la Prudence l'a imitée, et le peuple a applaudi. On a tenu la même marche pour retourner à la salle des séances. Y étant arrivés, les citoyens Vidaud, commandant du bataillon, Badou, commandant de la garde nationale, et Panissat, procureur-syndic, ont prononcé chacun un discours très-éloquent et très-applaudi. On a répété à plusieurs reprises : « Vive la Montagne ! vive la république une et indivisible ! vive la Société Populaire de Limoges ! vivent les sociétés affiliées à celle de Bellac » ; et réciproquement, de la part des députés : « Vive la Société Populaire de Bellac ! » Et tous : « Vive la Raison ! » Le citoyen Dubois a de plus ajouté que la Société de Limoges avoit toujours été dans les vrais principes de la liberté et de l'égalité, et qu'elle avoit toujours regardé celle de Bellac comme une société chérie et animée des mêmes principes. Il a demandé que, pour gage de leur union, il lui fût permis de donner l'accolade fraternelle au président et à la Raison. Cette demande a été accordée d'une voix unanime, et exécutée, de la part de tous les députés, au son de la musique, qui a joué l'air : *Où peut-on être mieux qu'au sein de sa famille ?* Les citoyens Dubois et Bandy ont témoigné leur satisfaction de la manière solennelle avec laquelle la fête de la Raison a été célébrée, et ont promis d'en rendre un fidèle compte à nos frères de Limoges. Le citoyen Dubois a encore représenté qu'il seroit encore à propos de recevoir comme membres de la Société les citoyennes patriotes, *toutefois en ne leur permettant pas de voter*. Cette proposition a été ajournée à la première séance. On a prié les citoyennes qui ont assisté à la cérémonie de chanter, ce qu'elles ont effectué avec beaucoup de grâce, *et la musique a fait chorus*. Elles ont fini par le couplet : *Amour sacré de la patrie*, et toute la Société l'a répété. Le citoyen Maison-Dieu, vicaire de Bussière-Boffy, a fait son *abdication* de la prêtrise, et ses lettres, de même que toutes celles qui se sont trouvées déposées au district, ont été brûlées. *C'est la Raison qui y a mis le feu.* Le citoyen Guiot du Dognon (1) a déposé sur le bureau des brevets militaires qu'il tenoit du ci-devant roi. Ils ont subi le même sort. Le citoyen Betoulle, gendarme national, a offert des états de services sur lesquels étoient gravées des fleurs de lis, pour les faire brûler. La Société, craignant qu'ils ne lui fussent nécessaires pour prouver son ancienneté de service, a passé à l'ordre du jour. On a proposé d'inviter au souper de la Société les citoyennes qui avoient assisté à la cérémonie. La Société, considérant que le souper feroit partie de la fête, a arrêté que toutes celles qui y seroient conduites par des membres de la Société y seroient reçues. On est parti pour le souper ; chaque citoyen a conduit une citoyenne à la clarté de l'illumination générale qui a eu lieu dans toute la ville. Le banquet civique s'est passé dans les doux épanchements de la fraternité entre les citoyens de la ville et les étrangers. La joie et la gaieté y ont régné, et tous les citoyens n'ont offert que le spectacle touchant d'une même famille sous les auspices de la Raison. Il y a eu un bal qui a duré toute la nuit, et l'aurore a fait lever la séance. »

(1) Ce qui n'empêcha pas que plus tard il ne fût chassé de la Société comme *noble*.

# DEUXIÈME PARTIE.

## INSTITUTIONS ET MONUMENTS.

### CHAPITRE PREMIER.

#### Institutions civiles.

**Charles.**

Les premiers comtes de la Marche habitaient Bellac, leur capitale, et y rendaient la justice; mais, sous eux, plusieurs gentilshommes feudataires se partageaient la seigneurie. Les conflits survenus entre tant de vouloirs souvent divers devaient nécessairement rendre le joug très-lourd aux subordonnés, et sans doute aussi inquiéter un peu le suzerain leur maître Le comte Audebert accueillit favorablement, en 1160 (1), la demande respectueuse par laquelle des habitants de Bellac sollicitaient la rédaction de leurs coutumes afin de faire cesser l'arbitraire. Un accord eut lieu entre le comte, les seigneurs et les habitants. Le comte sauvegarda tous les droits de sa souveraineté : cela devait être; les nobles de la ville eurent une part avantageuse : entre autres priviléges, celui de rendre la justice en certaines occasions, on le comprend

---

(1) M. Leymarie dit 1174.

encore; mais les bourgeois aussi furent passablement traités. S'ils étaient forcés, en demandant ou en défendant, de subir le jugement pour et devant le noble en la maison duquel ils demeuraient; s'ils devaient la corvée, et s'ils étaient tenus, dans leurs ventes, d'accepter le gage du comte au cas où celui-ci n'aurait pas eu d'argent; si leurs délits étaient punis de fortes amendes et de *peines de sang*, ils pouvaient au moins quitter la ville quand cela leur plaisait, et pour quelque cause que ce fût, « et le comte ne devoit lever ou prendre sur eux, pas plus que sur homme noble, ni rente, ni pension, ni péage (1) ». Ces concessions parurent assez précieuses aux habitants de la ville; ils obtinrent leur confirmation par le comte Hugues XI de Lusignan, en 1260, dit Choppin dans son *Commentaire sur la coutume d'Anjou* (2).

#### Renouvellement des terriers.

Par lettres-patentes données, dans la ville de Châteaubriant, le 12 juin 1532, François I<sup>er</sup> ordonnait « de renouveler les terriers de ses châtellenies de la basse Marche : Bellac, Rancon, Champagnac et Calais ». François Barbarin, licencié

---

(1) M. Leymarie, *Histoire de la bourgeoisie*, T. I, p. 8; — T. II, p. 365.

(2) Liv. I, titre V, ch. 47. — Nous reproduisons, dans la IV<sup>e</sup> partie, cette charte, extraite des manuscrits de M. Robert du Dorat, et déjà imprimée dans le *Limousin historique*, T. II, p. 32.

ès lois de la ville de Confolens, et Simon Descoutures, notaire à Limoges, commis à cet effet par le sénéchal Marin de Monchenu, reconnurent, par acte du 12 juin 1535, « que les habitants de Bellac étoient de tous les temps en possession, jouissance et saisine des priviléges, franchises et libertés, à cause de la châtellenie de Bellac, de bâtir en leurs fonds, situés dans l'étendue de ladicte châtellenie, moulins, fours, pressoirs, colombiers, étangs à chevalets, et d'être exempts des droits de péage et manade, avec liberté de pêcher dans l'étendue des ruisseaux et rivières de ladite châtellenie, et de chasser partout sur icelle, à la réserve des forêts et garennes de Sa Majesté; pour lesquels droits la ville paie annuellement au roi, au jour et fête de Noël, une rente appelée la taille de St-Luc, laquelle est de 64 livres 10 sols seulement (1) ». Ainsi le roi rentra dans plusieurs parties de rentes usurpées par les seigneurs voisins; mais ceux-ci reprirent bientôt peu à peu ce qu'ils avaient été contraints de restituer; si bien que Louis XIV dut ordonner encore le renouvellement des terriers de la basse Marche. Degude, notaire à Bellac, en reçut les reconnaissance en 1680 et en 1681; celle qui concerne les priviléges de Bellac fut renouvelée le 16 juin 1680 (2).

(1) Mallebay de Lamothe, *Plan*, etc. p. 68-69.
(2) Mallebay, *Plan*, etc. p. 71.

### Assemblées du ban et arrière-ban.

Les assemblées du ban et arrière-ban de la province de la basse Marche furent faites à Bellac, le 25 mai 1543, par Pierre de St-Martin (1), sénéchal de la province, sur une ordonnance de François I$^{er}$, signée le 3 mars de la même année; 2° sur une ordonnance d'Henri IV du 17 août 1598, et enfin par le sénéchal Paul de Nollet (2), le 28 mars 1689, en exécution de lettres-patentes données à Versailles, le 26 février précédent, par Louis XIV.

La province se rédima sous Henri II, en 1553 (3).

### Création de l'élection.

En 1558 Henri II créa et érigea à Bellac un siège d'élection, que Charles IX supprima l'an 1560. Erigé de nouveau par Henri III, en 1578, il fut encore supprimé en 1583. Enfin, établie par un édit particulier de Louis XIII (1639), qui, comme ses prédécesseurs, nomme Bellac *capitale de la basse Marche*, cette juridiction fut éteinte par édit de 1661. L'élection de Bellac était une des plus anciennes du royaume, et comprenait quatre-vingts paroisses (4).

(1) St-Martin de Bagnac.

(2) Cette famille avait donné déjà deux sénéchaux à la basse Marche.

(3) Mallebay, *Plan*, etc., p. 84.

(4) Idem, ibid.

#### Création des consuls, des foires et des marchés.

Dans un édit donné à Paris, au mois de mars 1571, Charles IX « permet, accorde et octroye à toujours aux habitants de Bellac de créer et élire, pour chacun an, quatre d'entre eux des plus notables pour être consuls ou échevins (1) de leur ville, et pour en administrer les affaires ».

Le même édit établit aussi à Bellac des foires et des marchés le premier samedi de chaque mois, outre les marchés des mercredi et samedi de chaque semaine.

#### Tribunal.

« Le tribunal où se rendoit la justice aux habitants de la basse Marche étoit de toute ancienneté établi dans la ville de Bellac (2); mais l'avocat du roi, qui demeuroit au Dorat, en fit faire la translation dans cette dernière ville par édit donné aux états

---

(1) « La robe des consuls est de laine ; elle est singulière, étant mi-partie de quatre lais, dont deux rouges et deux jaunes, ainsi que le chaperon. » — Mallebay, *Plan*, etc., p. 86.

(2) Si l'on en croit l'auteur de ce passage (Mallebay, *Questions de droit*, 467-472), les Marchois suivaient d'abord certains usages de leurs pères et quelques lois romaines. Hugues IX de Lusignan établit Pierre Audier sénéchal à Bellac, d'où relevèrent Le Dorat, Rancon et Champagnac. Hugues X, en créant (1211), dans la Marche, un second sénéchal avec des baillis et des prévôts, laissa Le Dorat sous la juridiction de Bellac. Un siècle plus tard, le chancelier de Charles de France décidait *à Bellac* les affaires de la basse Marche. Sous le règne de François I*er*, les magistrats de Bellac allaient au Dorat, comme ils

d'Orléans au mois de janvier 1561 (1). Les habitants de Bellac, des châtellenies de Rancon, Champagnac, des autres villes et paroisses (2) s'opposèrent à la vérification de cet édit. »

Après un long procès au grand-conseil, sur le rapport de M⁰ Lazare Amadon, envoyé (arrêt du 24 novembre 1565) pour ouïr les trois états de la basse Marche, Charles IX évoqua le différend à son conseil privé, et le termina par édit (3) donné à Blois au mois de février 1572, et vérifié au parlement le 25 du même mois. Le roi créa ainsi deux tribunaux dans la basse Marche : 1° le *siége principal* au Dorat, avec un premier magistrat portant le titre de *lieutenant-général*, ayant juridiction

allaient à Rancon, tenir des *assises* extraordinaires pour la commodité des habitants. Lorsqu'on réforma la coutume du Poitou, en exécution des lettres-patentes d'Henri II données le 24 juillet 1559, les habitants du Dorat refusèrent d'abord de la recevoir, parce que, étant de la basse Marche, ils étaient régis par le droit écrit et *sous le siége de Bellac*.

(1) Vérifié au parlement le 16 avril, suivant Robert, *Mém. man.* — Dans ce même volume, qui concerne spécialement le chapitre du Dorat, se trouve un factum imprimé adressé au parlement par les officiers de la sénéchaussée du Dorat contre les abbé et chanoines de la même ville, et signé G. Menardeau, rapporteur, où on lit au contraire : « Le siége de la sénéchaussée de la basse Marche étant ci-devant *déambulatoire*, sur les remontrances faites aux estats d'Orléans par les trois estats dudict pays, fust... faict et estably sédentaire en la ville du Dorat, capitale dudict pays ».

(2) « Et aussi les abbé et chanoines de l'église de St-Pierre du Dorat, » dit Robert.

(3) *Plan*, etc., p. 87. Voyez la iv⁰ partie. C.

sur les anciens ressorts de tout le comté, et 2° le *siège particulier* à Bellac, pour les châtellenies de Bellac, Rancon, Champagnac et ce qui en dépend. Le premier magistrat de ce second siège avait la simple qualification de *lieutenant particulier*. Le lieutenant-général du Dorat, et, en son absence, le lieutenant particulier du même siège, obtinrent, par le même édit, le droit de venir, deux ou trois fois l'an, tenir, pendant trois jours, les assises du siège de Bellac. M. Génébrias-Goutepagnon, procureur du roi à Bellac, dans un mémoire envoyé à Paris, lorsque, à la rentrée de Louis XVIII, les habitants du Dorat firent des démarches pour obtenir le tribunal, explique fort bien l'érection des deux tribunaux *par l'introduction de deux législations différentes dans la basse Marche.* « *Il était naturel,* ajoute-t-il, *que le titre de principal fût accordé à celui qui était le plus étendu en territoire et en population.* » M<sup>e</sup> Lazare Amadon revint dans notre province faire exécuter le nouvel édit, et, par ordonnance du 22 juin 1572, il appela les justiciables et voisins du siège royal de Bellac à son érection.

D'après le procès-verbal du 27 juin vendredi (1), à une heure après midi, « furent présents à l'auditoire dans la Maison-Dieu, sise au faubourg de

---

(1) Robert, *Mém. man.*, volume qui concerne le siège royal du Dorat, feuilles 437—461.

Saint-Michel : M⁰ Joachim Charon, juge en la chastellenie de Bellac; Pierre Constancin, juge de la chastellenie de Rancon; Pierre Papon, juge en la chastellenie de Champagnac; Jacques Bonnet, sieur de Truchat, François Raymond, Marcyal Charreyron, Estienne Arbellot, eschevins de la présente ville; Edouard Boullatin et Simon dict Monnet, scindicts de Mèzieres; Gilbert Moreau et Laurent Fillou, scindicts de St-Junien; Pierre Deschamps et Jehan Gabrid, scindicts de la paroisse de La Croix; Guillot dict Guillon, Riffaud et Jehan Deschamps dict Tanier, scindicts de la paroisse de Vaulerie; Antoine Garassus et Jehan Pouffry, scindicts de la paroisse de St-Savin; Jehan de La Pradelle et Pierre du Chastenet, scindicts de la paroisse de Blond; Simon Bellat, scindict de la paroisse de Lagusol; Vincent Comindre et Léonard Jacquos, scindicts de la paroisse de Blanzat; Frulet et Léonard Guillomaud, scindicts de la paroisse de Chambourneuf; Louis Gaillard et Mathurin de Nouilhet, scindicts de la paroisse de St-Léonard; Marsal et Léonard Moureau, scindicts de la paroisse de Bermont; Jehan Pinier, scindict de la paroisse de Vaqueur; tous habitants de ladicte chastellenie de Bellac; et en outre Bastien Alalot et Mathurin Founet, scindicts du bourg et paroisse de Rancon; messire Foucaud-Faucon, chevalier de l'ordre du roy, seigneur chastellain en la chastellenie de Thoron; Jehan de

Chasteneuf, escuyer, sieur de Chabanes et sieur de
la justice et de la jurisdiction dudict Chabanes;
Symon Gerbaud de Rochefut et Jehan fils d'Adam
du Villat, scindicts de la paroisse de Thoron; Pierre
Guiot, marchand de Chabanes, scindict de la paroisse de Chabanes; François Montheillaud, demeurant en la rue Neufve et au chasteau Panissat; tous
*contant* en la chastellenie de Rancon; messire Marc
du Mailbac, chevalier de l'ordre du roy, escuyer
en son escurie; sieur du Ris et de La Coste-au-Chapt,
séneschal de la basse Marche, seigneur en partie
de la justice et jurisdiction de Darnac; René Laurent,
escuyer, seigneur d'Arnac; René Guillon, escuyer,
sieur d'Asnieres et sieur justicier du.......; messire
Pierre Barton, chevalier de l'ordre du roy, sieur
justicier de........; M° Jacques Faulcon nier et François Rampion, juge et procureur dudict Darnac;
M° Jehan Bonnet, F. Charles Richard, juge et
procureur........; Estienne Chassal et Jehan Gentil,
scindicts de ladicte paroisse de Darnac; Pierre de
Chenolotieres, scindict de la paroisse de Chastanier;
Colas Fammet et Jehan Somard, scindicts de la
paroisse de St-Barban; Lucas du Bouchaud, scindict
de la paroisse de St-Macias; Marquet-Saignignon,
scindict de la paroisse du Pont-de-St-Martin;
Soronneau et Jehan de Lanaut, scindicts de la paroisse de Buxiere-Poitevine; .......... du village de
Lachenault; Jehan Cardinaud, du village de Bost-

Boulhaud, paroisse de Luchat, et Pierre Legier, partisseurs et scindicts des enclaves d'Adrier, Luchat et Montet, et François Texier, scindict de l'enclave d'Asnieres de la chastellenie de Champaignac; M° Claude de La Pouge, et Jehan Merlin, lieutenant-général, advocat pour le roy et monseigneur en la basse Marche: M° Symon Descoutures, Symon du Bois, et Pierre Adet, lieutenant-général et procureur du roy au siége présidial de Limoges; tous assignés par les sergents royaux Chabellard, Jaroussier et Riffaut.

» M° Pierre Constancin (1), juge de Rancon, apparant par M° Gabriel Marrand, son gendre, et scindict de la chastellenie de Rancon, apparant par M° François Penigot, Marrand et Penigot ont requis et supplié trez-humblement ordonner en ladicte exécution que les officiers du roy au présent siége seroient tenus, à l'exemple et ancienne *observation de leurs prédécesseurs* officiers desdicts sieurs, d'aller quatre fois l'année au bourg de Rancon pour le tenement des grandes assises de la chastellenie et ses anciens ressorts, en ce que ce sera *pour le souslagement des subjects, ou en ce que les officiers pourroient entendre les plaintes et doléances desdicts subjects, et cognoître ce que sont ces domaines.....;* requérant aussi que les officiers se contentent de cognoître des cas d'appel et causes dont la cognoissance leur ap-

---

(1) M<sup>me</sup> v<sup>e</sup> Rougier descend de ce magistrat.

partient par les édicts et ordonnances du roy, sans entreprendre sur la cognoissance et justice ordinaire. Ainsi signé G. Marrand. F. Penigot (1).

» Le lendemain 28 samedy, Pierre Boucheul, procureur fiscal des abbé, chanoines et chapitre du Dorat, dit en leur nom que, leurs sujets n'étant du comté de la basse Marche ni de son ressort, ils n'avoient aucun intérêt à l'exécution de l'édit, et ne devoient point non plus s'y opposer (2). »

Le 28 juin, Pierre Boucheul n'avait pu être admis à parler au nom des consuls, manants et habitants de la ville du Dorat, faute d'une procuration spéciale. Muni de cette pièce, il vint le 1er juillet déclarer *qu'ils n'avoient aucung intérêt à l'establissement de ce siége, n'estant de ladicte sénéchaussée de la basse Marche, et protestant qu'ils sauroient se pourvoir comme de raison. Signé Boucheul, procureur desdicts consuls* (3).

Les comparutions parachevées le 1er juillet 1572, le représentant du grand-conseil érigea le siége royal, déclarant qu'il ressortirait du présidial de Poitiers; puis, le 5 du même mois, en réglant l'administration de la justice, « il fit inhibition et deffense aux officiers de la sénéchaussée du Dorat de prendre connoissance des affaires du siége de Bellac

(1) Robert, volume qui concerne le tribunal du Dorat, feuille 444. — Mallebay, *Plan*, etc., p. 91.
(2) Robert, feuille 445.
(3) Robert, feuille 446 recto. — Mallebay, *Plan*, etc., p. 91.

et dépendances, à peine de nullité des procédures, jugements, dépens, dommages et intérêts des parties et de neuf cents livres d'amende ».

Comme les trois châtellenies de Bellac, Rancon et Champagnac, régies de tout temps par le droit écrit, avaient ressorti, sous quelques comtes de la Marche, du présidial de Limoges et du parlement de Bordeaux, les magistrats de Limoges, avertis de cette soustraction faite à leur autorité par l'érection nouvelle, obtinrent, le 12 novembre 1578, un arrêt du conseil privé du roi qui rétablissait leur ancienne juridiction sur le tribunal de Bellac (1). Mais il en résultait un inconvénient immense; car déjà les causes criminelles ressortissaient naturellement du présidial de Poitiers et du parlement de Paris à cause des comtes de la Marche, membres de la famille royale; et, comme des incidents imprévus pouvaient changer une cause purement civile en une cause criminelle ou *vice versa*, les parties se trouvaient contraintes d'aller d'un présidial et d'un parlement à l'autre au moyen de nouvelles procédures, toujours longues et dispendieuses. Aussi Henri IV, par édit du 25 janvier 1595, enregistré au parlement de Paris le 25 février suivant, prit en considération les doléances des officiers du siège de Bellac et des habitants de la ville, appuyés d'ailleurs

1) Mallebay, *Plan*, etc., p. 96.

par la reine douairière, comtesse de la Marche (1). La seule modification que ces dispositions reçurent jusqu'en 1790, c'est que, dès la création du présidial de Guéret (1635), les appellations en ressortirent au préjudice de Poitiers.

En 1578, Jacques Charon, *juge châtelain*, venant de mourir, une ordonnance d'Henri III supprima son office sur la demande des magistrats de Bellac, et le réunit à celui du lieutenant de la sénéchaussée.

La sénéchaussée de Bellac avait sous son ressort trois terres en justice, plus de deux cent vingt-huit fiefs, qui relevaient immédiatement de la couronne, trente-sept clochers dont trente-six étaient cures. Cependant dix de ces paroisses seulement étaient sous la juridiction exclusive des magistrats de Bellac ; les autres relevaient en partie des sénéchaussées voisines : Limoges, Guéret, Montmorillon et Le Dorat (2).

Cette rivalité haineuse, cause de si longs débats entre les deux principales villes de la basse Marche, pour la création du tribunal, n'était pas près de s'éteindre. Elle a duré jusqu'aux premières années de la restauration, c'est-à-dire jusqu'au jour où Bellac a été doté définitivement du tribunal et de la sous-préfecture ; et, durant tout cet intervalle, elle s'est traduite, de temps à autre, par des propos,

---

(1) Voir cet édit dans la IV⁰ partie, E.
(2) Mallebay, *Questions de droit*, etc., p. 479.

des écrits accusateurs et souvent des procédés ridicules (1). Nous allons céder au besoin de dire quelqu'un de ces scandales. Jean Robert voulut, en 1595, exercer le droit, concédé par l'édit de création, de tenir à Bellac des assises pendant trois jours deux

(1) « Environ l'an 1580, il y avoit, es villes du Dorat et de Bellac, deux fameux poetes qui s'en donnerent l'un et l'autre d'estoc et de taille, à scavoir M⁰ Pierre Maillard, tres-docte medecin et bon poete latin et françois, gendre de M⁰ Gabriel Marrand de Rancon, beaufrere de M⁰ Gabriel Marrand, abbé du Dorat, et le nommé...... dit Barroque, avocat à Bellac et bon poete françois. Ledit Maillard avoit eu sa mere qui, par bruit commun, avoit esté estimée magicienne; et possible étoit cela faux; mais il avoit esté blasmé de s'estre trouvé au meurtre de feu M⁰ Claude de Pouge, lieutenant-général de la basse Marche. Quant au nommé Barroque, il étoit estimé par bruit commun estre ladre et lépreux. Ledit Maillard feist jouer une tragédie dans Le Dorat où il feist représenter l'embrasement de Sodome et de Gomorrhe avec les cinq villes prochaines, entre lesquelles estoit la ville de Bellac, selon que Genebrard le descript en sa Chronologie au commencement et en la fin. Il feist représenter Barroque avec le masque qui avoit été fait exprez à Limoges, où celui qui le représentoit, qui estoit feu Pierre Merlin, lequel avoit toute *la face* pleine de grosses ladreries, ensemble les mains, et y avoit quantité d'autres habitants de Bellac accommodés de cette sorte, tous couverts de lepre, disant : « Nous sommes les ladres de Bellac; nous menons et conduisons le » pauvre Barroque de Bellac, infecté comme nous de lepre et de ladrerie».

» Barroque feist représenter quelque temps aprez une autre tragédie où estoient quantité de personnes du Dorat qui s'entre-empoisonnoient et se tuoient les uns les autres, disant : « Voici les empoison» neurs du Dorat ! »; plus feist représenter la mere dudict medecin Maillard sortant des enfers avec ses enfants feitz en petits diables, disant qu'elle avoit été dampnée avec tous ses enfants pour sa magie et sorcellerie; mais à la farce il feist introduire quelques personnes qui s'entre-disoient des invectives et des injures, dont l'un s'en plaignoit à la justice; mais il ne vouloit pas dire ce que lui avoit été dict;

fois l'an. Accompagné de Fiacre Butaud, son greffier, il vint donc un samedi 8 avril, et fit appeler si bien que, lui ayant été demandé quelles injures on luy avoit dict, il feist réponse qu'il ne les oseroit dire. On lui demanda si on l'avoit appelé......  ........, larron, boutefeu, volleur, guetteur de chemins ; il répondit que tout cela n'estoit rien auprez de ce qu'on lui avoit dict ; on lui demanda encore si on l'avoit appelé......, b....., yvrogne, gourmand,........, incestueux, traître, faux monnoyeur, meurtrier ; il répondit encore que cela n'estoit rien auprez de ce qu'on lui avoit dict ; enfin, aprez plusieurs interrogatoires à lui faites des injures qu'on lui avoit dict, il répondit aprez plusieurs exclamations qu'on lui avoit dict qu'il estoit du Dorat. Alors le juge qui entendit cela et les autres qui l'assistoient commencerent à s'écrier : « Hélas ! il t'a dict que tu estois du Dorat ! du Dorat, hélas ! du Dorat ! ah ! quelle injure ! ah ! quel malheur ! du Dorat !... hélas ! du Dorat ! » Et la fin de la farce fust que le mot *du Dorat* comprenoit toutes sortes de maux et de malheurs, dont long-temps aprez couroit un proverbe dans le pays : « Il est du Dorat ! Tu es du Dorat ! du Dorat ! etc. »

» De tous côtés du pays de la basse Marche on s'assembloit dans les villes du Dorat et de Bellac pour aller voir ces tragédies. J'ai ouï raconter tout ce que dessus à diverses personnes qui les avoient veu jouer, entre autres à feu Me Paul Thomas, sénéchal de robe longue, de Montmorillon, mon beau-pere.

» De grande ancienneté il y a eu une grande antipathie entre Le Dorat et Bellac. Les habitants de l'une et de l'autre ville se sont long-temps fait la guerre entre eux, soit par procez, querelles particulieres, *pasquels*, libelles diffamatoires et aultres actes. »

« ...... Je vois plus bas Bellac rempli de populace,
Serré dedans son fort, trop libre en son audace,
Par défaut naturel d'un avisé conseil
Qui serve de guidon à son fâcheux orgueil. »

---

« Ceux de la ville de Bellac, voyant leurs compatriotes du Dorat mourir de toutes parts par la furie de ce mal contagieux, au lieu de prier Dieu pour eux, ainsi qu'en semblable occasion avoient fait ceux du Dorat en 1601 que la peste se mit furieusement à Bellac, ce que même les payens et les plus barbares de l'univers en semblables sujets

Mᵉ Durand-Guionneau, procureur du roi au siége de cette ville. Pierre Massoulard, greffier du lieu, aurait dû avertir les officiers, avocats et praticiens de se rendre au parquet : il trouva dans l'enterrement d'un petit-neveu un prétexte pour se faire attendre. Le procureur du roi manifesta aussi par mille objections contre la valeur des titres le mécontentement que lui causait cette visite. Lorsqu'enfin Mᵉ Robert fut introduit au parquet, où il siégea entre le procureur du roi et Léonard Feydeau, lieutenant particulier de Bellac, celui-ci, à son tour, refusa de lire les actes avant que le lieutenant-général eût rempli les formalités les plus minutieuses, reprochant avec insistance à Mᵉ Robert d'abuser de son droit. Ce n'était pourtant que la seconde visite. Le lieutenant-général fit en vain observer qu'il n'était venu, depuis huit ou neuf ans, qu'une fois, au mois de septembre précédent,

---

ont pratiqué envers leurs dieux, au récit de Tite-Live, livres V et VII, de Justin, livre XVIII, de Nicéphore-Calliste, livre XVIII, firent des chansons, contre les habitants du Dorat, de leurs maux, infortunes et miseres, ce que Job mettoit au nombre des plus grandes afflictions et désastres. Mais peu aprez, ceux de Bellac en ayant eu leur part, dont plusieurs moururent, mais pas en si grand nombre que la ville du Dorat, le mal passé, plusieurs querelles, dissensions et débats s'émurent entre ces deux villes par chansons, pasquels et libelles diffamatoires l'une contre l'autre, qui furent assoupis par jugement du sieur d'Argenson, maître des requêtes, intendant en la généralité du Limousin, au mois de septembre 1632. »

(*Extrait des Mémoires man. de MM. Robert du Dorat*, d'après dom Fonteneau.)

et encore plus particulièrement pour installer Guionneau. Les magistrats de Bellac voulurent relire et commenter, séance tenante, l'édit d'installation de leur siége.

Deux avocats seulement étaient venus : Mᵉ François Tournois et Arbellot. Robert s'en plaignit avec raison. On lui répondit simplement d'attendre jusqu'à deux heures du soir. Mais le bon lieutenant-général n'aimait pas à voyager la nuit. Il avait, dit-il, pour ennemis force plaideurs condamnés par lui, et déjà maintes fois, on avait attenté à ses jours à main armée, ou, plus lâchement, par le poison. Il fallait quereller jusqu'au bout : le procès-verbal fut un nouveau sujet de dispute. Les magistrats de Bellac ordonnaient de l'écrire séance tenante; Robert voulait le rédiger lui-même à loisir, et non comme un notaire qui dicte des actes. Guionneau requit donc, devant le lieutenant particulier, que défense fût faite de lire et publier une pareille pièce avant qu'il l'eût approuvée. C'était une insulte à un magistrat supérieur.

Le lieutenant-général, poussé à bout, et voyant la salle s'emplir de curieux à défaut d'avocats, se mit alors à vanter devant eux les gens de bien, et à flétrir les pervers, toujours si nombreux, déplorant le scandaleux spectacle donné par des magistrats qui perdaient à se quereller le temps qu'ils emploieraient si bien à protéger la vertu et à punir le crime. Enfin il défendit à Guionneau et à Feydeau, sous peine de mille sous d'amende, payables par emprisonnement, d'empêcher l'exécution de l'édit et l'accomplissement de sa commission. En même temps il enjoignit aux sergents de saisir quiconque contreviendrait à son ordre.

Espérant du calme, le greffier Butaud voulut lire, sur l'invitation de M. Robert; mais Feydeau, pour le distraire, se mit à le dénoncer au procureur comme frappé de je ne sais quel édit. Butaud lisait toujours : Guionneau, n'y tenant plus, se mit alors à crier et à gesticuler avec colère, répétant mille et mille fois qu'il ne connaissait pas cet homme. Butaud n'en continua pas moins; si bien que Guionneau, lassé de crier en s'agitant, sortit de la salle (1).

Cette scène bizarre se passait pendant la lecture de l'édit tant désiré par lequel Henri IV soumettait les appels du ressort au parlement de Paris.

Plus tard, en 1617, messieurs de Bellac poussèrent bien plus loin l'esprit d'indépendance. Dans un *Avis au conseil de la reine douairière, comtesse de la Marche, pour la conservation du domaine au comté et sénéchaussée de la basse Marche*, on avait en vain demandé la réunion du siége du Dorat à celui de Bellac, ou du moins, pour celui de Bellac, le titre de *principal*, comme aussi, pour le lieutenant de la même ville, la qualification de lieutenant-général.

(1) Robert, feuilles 99-101.

Dans ce dernier cas, le siège et le lieutenant du Dorat n'auraient eu que les dénominations plus humbles : *siège particulier, lieutenant particulier.*

Le lieutenant de Bellac, M. de Reymond, se décora lui-même du titre de lieutenant-général, avec grand soin de communiquer aux officiers du Dorat le mémoire de 1617. Quoique originaire d'une maison bourgeoise de Bellac, le véritable lieutenant-général ne put permettre cette usurpation. Il vint tenir l'audience autorisée par l'édit de 1572. Le lieutenant de Bellac lui contesta ce droit : on pouvait s'y attendre; mais aussi un arrêt du conseil privé (3 septembre 1698) confirma la prééminence de M. de Mallevaud; ce qui n'empêcha pas les autres officiers du siège de Bellac de contester encore à Mallevaud, ainsi que l'avait fait déjà le lieutenant civil, la présidence des assises. Seulement on trouva un autre motif : cette fois le magistrat du Dorat n'avait pas rendu son arrêt avec eux. Le conseil privé dut confirmer de nouveau le droit incontestable du lieutenant-général (1). Et cependant, en 1776, Leborlh de Juniat, conseiller doyen, cote des feuilles au nom de Joseph de Verdillac, *lieutenant-général*, et Genty de Laborderie renouvelle, en 1783, la prétention ridicule de ses prédécesseurs. Honte ni peur n'y remédient. Aussi bien cette persistance doit triompher.

(1) Mallebay, *Questions de droit*, p. 476-78.

L'Assemblée nationale établit à Bellac (1790) un tribunal de district qui comprenait quarante-cinq paroisses : le cours de la Gartempe, servant de limite entre le district de Bellac et celui du Dorat, faisait au premier la meilleure part. En 1796, lorsque la Convention supprima les tribunaux de district pour n'en laisser qu'un par département, elle établit un tribunal de police à Bellac, en réunissant le district du Dorat à celui de Bellac, qui dès lors devint chef-lieu de l'arrondissement.

En 1800, malgré les réclamations des habitants du Dorat, Bellac fut doté d'un tribunal civil par le premier consul, et depuis, en 1816 comme en 1804, les pétitions de la ville rivale pour obtenir au moins le partage des faveurs sont restées vaines.

###### Maréchaussée.

En juillet 1577, Henri III créa à Bellac, *capitale de la basse Marche*, une prévôté de maréchaussée qui a existé jusqu'en 1720, et qui alors fut remplacée par une brigade.

###### Octroi.

Henri IV, pour récompenser la fidélité des habitants de Bellac, et les indemniser de leurs pertes pendant le siège de 1591, leur accorda, à Limoges, le 22 octobre 1605, par lettres-patentes, « pour six années consécutives, la permission d'imposer, cueillir et lever six deniers tournois sur chaque minot de sel entrant et sortant de la ville de Bellac et châtellenie de Champagnac ». La chambre des comptes enregistra gratuitement ce privilége le 4 mars 1606, et les arrêts du conseil privé l'autorisèrent le 28 octobre 1609 et le 12 février 1692. Un édit de février 1696 l'autorisa, comme beaucoup d'autres, pour toutes les villes du royaume. Avec le produit de cet octroi on fit réparer les murs de la ville du côté des tanneries, comme l'attestait une inscription (1) qu'on renversa avec la muraille au mois de juillet 1764, et que Joseph Vergnaud, descendant du consul de 1611 Jean, fit placer dans le mur de sa maison de la Grande-Rue, vraisemblablement la même qu'habite encore la famille qui porte ce nom.

###### Officiers de police.

Deux édits d'octobre et de novembre 1699 avaient créé à Bellac des officiers pour la police de la ville. Une déclaration du mois de juillet 1758 réunit la charge de procureur du roi pour la police à celle de procureur du roi de la sénéchaussée, et la création des nouveaux maires (août 1764 et mai 1765) la rendit inutile.

###### Juridiction des eaux et forêts.

Louis XV, en supprimant la juridiction des eaux

(1) « Du regne de Louis XIII, consuls M.-J. Vergnaud et Lacoudre : 1611. »

et forêts de la province de la Marche par édit de mars 1723, créa en même temps, à Guéret, un siége de maîtrise particulière des eaux et forêts pour la haute Marche et semblable siége à Bellac pour la basse Marche (1). Le garde-marteau fut toujours un membre de la famille Dubois des Termes.

#### Juge du point d'honneur.

Les maréchaux de France ont eu, à Bellac, jusqu'à la révolution, un lieutenant juge du point d'honneur et des affaires de la noblesse de la basse Marche, qu'habitent beaucoup d'anciennes familles.

#### Sous-Préfecture.

Le 17 février 1800 (28 pluviôse an VIII), lorsque la France fut divisée en préfectures et sous-préfectures, Bellac obtint à la fois la sous-préfecture et le tribunal comme chef-lieu de l'arrondissement.

(1) Mallebay, *Plan*, etc., p. 115.

## CHAPITRE DEUXIÈME.

### Monuments civils.

#### Hospice.

« L'Hôtel-Dieu de Bellac fut fondé, dans le commencement du xvi° siècle (1530), par la famille des Gallicher. Il en reste des preuves incontestables. La première, les armes des Gallicher, qui sont sur la porte de cette maison ; la seconde se prend de quatre arrêts rendus au parlement de Paris pour Marie Gallicher contre les officiers du siége de Bellac les 5 février 1598, 12 décembre 1620, 15 mai 1621 et 26 avril 1624. Leurs dispositions sont encore rapportées dans la transaction passée devant Thouraud (1), notaire royal à Bellac, le 28 octobre 1649, entre les officiers de la sénéchaussée de Bellac et Jean de La Salle-Gallicher, qui est appelé, dans cet acte, patron et fondateur de cet Hôtel-Dieu. Le premier des arrêts est dans la bibliothèque de Boucheul, sous le mot *Hôpitaux*; il étoit avocat de Gallicher (2). » D'après Nadaud (Pouillé du diocèse, p. 76), l'hôpital,

---

(1) Un descendant de ce notaire, M. Thouraud-Lavignère, ancien capitaine de cavalerie, est un des membres les plus actifs de l'hospice.

(2) Mallebay, *Plan*, etc., p. 80.

ou Maison-Dieu, ne fut fondé qu'en 1572, sous le vocable de Saint-Alexis. Les bâtiments actuels de l'hôpital sont d'une construction moderne, et n'ont rien de remarquable. Depuis 1830 seulement les sœurs de la Sagesse, qui en font actuellement le service, ont pu obtenir, au moyen de dons volontaires, une chapelle qui permette au public d'assister à leurs offices. Les enfants dont elles font l'éducation sont encore entassées dans des chambres fort étroites et par conséquent malsaines. Mais, dans les derniers mois de 1850, M. Baudy-Nalèche, inspecteur général des hôpitaux de France, a autorisé l'acquisition des maisons voisines pour donner un espace convenable, et l'administration de l'hospice songe à réaliser sa promesse.

#### Palais de justice.

*L'ancienne cour* tombait en ruines en 1572 ; on loua quelques salles de l'Hôtel-Dieu pour tenir les séances, et bientôt, inspirés par le désir de s'approprier ce lieu, où se faisaient leurs réunions, les magistrats effacèrent le mot *Hôtel-Dieu* pour mettre à sa place, sur la porte principale, *Palais-Royal*. Les Gallicher fondateurs de l'hospice réclamèrent contre cette usurpation, et obtinrent justice, comme nous l'avons déjà dit. Alors les officiers de la sénéchaussée transigèrent pour conserver les appartements dont ils jouissaient : ils payèrent annuellement une somme destinée à l'entretien des pauvres et à celui de l'édifice. Louis XIV, prié d'intervenir par des secours pécuniaires, fit, en 1676, bâtir, sous le nom de *Palais,* l'auditoire qu'il a fallu détruire en 1824. Cet édifice, très-modeste, n'était pas placé dans l'ancienne enceinte de la ville, et confondu avec le grand portail, ainsi que l'affirment plusieurs ouvrages faits pour les touristes; il communiquait seulement à cette prison par une ouverture destinée à introduire les prévenus dans la salle d'audience. Sur la petite porte du greffe on lisait :

HÆC DOMUS    ODIT    AMAT    PUNIT    CONSERVAT    HONORAT
     NEQUITIAM, PACEM, CRIMINA,    JURA,      PROBOS.

« Cette maison hait l'injustice, aime la paix, punit les crimes, conserve les droits, et honore l'homme probe. »

Le palais actuel fut élevé, en 1824, sous la direction du président Génébrias de Goutepagnon. C'est une construction peu gracieuse, mais dont les diverses pièces sont distribuées d'une manière fort commode. La chapelle, placée à l'extrémité des corridors, à l'entrée du préau, permettait aux détenus des deux sexes d'entendre la messe sans se voir : disposition fort heureusement combinée. M. le sous-préfet Charles Charreyron la fit détruire, en 1847, parce qu'elle empêchait la libre circulation de l'air dans les cellules. Depuis, les évènements de 1848 ont sans doute distrait l'attention des administrateurs, car on n'a pas encore donné à la petite pièce qui se trouve la première à droite en venant du préau l'honorable et pieuse destination que M. le sous-préfet et M. l'architecte du département lui assignèrent alors pour un temps très-prochain.

———

On lit dans *le Fort*, sur la porte de M<sup>me</sup> Crouzaud d'Aza, ce passage de St Paul, écrit en caractères serrés et disposés comme il suit :

MIHI VIVERE XPS EST
MORI LVCRVM. 1615.

« Jésus-Christ est ma vie ; mourir m'est un gain. »

Ceci n'indiquerait-il pas l'ancien presbytère? Il est peu probable qu'un laïque eût manifesté ainsi la résolution qu'il prenait de vivre saintement.

———

Nous noterons ici que, au rapport d'Allou (p. 314), on a découvert, dans le faubourg de Chapterie, *une pièce de cuivre portant, d'un côté, un éléphant, et, de l'autre, une tête laurée.*

En 1845, on a trouvé, dans le jardin de M. Labetoulle, près du hameau nommé *Vieux-Bela,* un groupe de petits vases d'argile de formes et de grandeurs différentes, rangés autour d'une petite urne en verre grossier et de couleur très-foncée, et de deux urnes en pierre dans lesquelles se trouvaient encore des débris d'ossements et des charbons. Tout près était une lampe romaine en pierre.

M. Henri Génébrias-Goutepagnon, avocat à Bellac, a placé les deux urnes en pierre dans la cour de sa maison de campagne. La pioche brisa une autre urne en verre ansée et de forme gracieuse. Nous avons déjà fait observer que la découverte de ces objets ne prouve pas l'existence d'une ville romaine dans ce lieu, mais elle montre qu'on y connaissait les usages de Rome, ce qui est bien différent. On n'y rencontre aucun vestige de construction romaine.

## CHAPITRE TROISIÈME.

### Institutions religieuses.

#### Confrérie de St-Nicolas nommée plus tard Communauté des prêtres de Notre-Dame.

Mallebay de Lamothe, procureur du roi, força, par un jugement rendu le 27 mai 1757, les prêtres communalistes de Bellac à lui communiquer leurs titres. Il apprit ainsi que cette communauté, nommée confrérie de St-Nicolas dans le xiv$^e$ siècle, changea de nom, on ne sait pourquoi, vers la fin du même siècle. Un acte rédigé, en 1404, par Guillaume Barthonius, et signé par les notaires Dirtaudi et Pocheti (*Plan*, p. 74), prouve ce changement de nom, et donne les statuts de la communauté. Mais ces statuts, insuffisants et obscurs, furent remplacés par d'autres, que Martial Bovol, official de l'évêque, et commis à cet effet, approuva d'abord (7 octobre 1464), puis confirma plus tard par décret, lorsque enfin ils furent mis en bonne forme, après avoir subi divers changements (23 janvier 1477). Le préambule de cette pièce nomme le curé de Bellac *majeur queux*, sans doute afin de désigner l'autorité qu'il avait sur les autres prêtres.

On y lisait aussi cet article curieux : « Ceux qui entreront dans la communauté payeront en entrant le dîner aux autres prêtres, et leur donneront des gants ». (Mallebay, *Plan*, etc. p. 77.)

Cependant un des articles essentiels manquait : on ne déterminait pas le nombre des prêtres qu'il faudrait admettre. Or, quoique la communauté fût pauvre, le nombre de ses membres devint considérable; en sorte qu'on ne pouvait plus vivre avec un revenu modique. La discipline en souffrit beaucoup. Pour remédier au mal, les plus anciens communalistes dûrent, par un concordat, que reçut, le 10 janvier 1659, Descelles, notaire royal, fixer, pour l'avenir, leur nombre à dix, « pris des plus anciens prêtres régénérés de la ville (de Bellac), et baptisés sur les fonts baptismaux d'icelle (1) ». Les

---

(1) Jean de Marsanges, vicaire de Saint-Sauveur, faisant allusion à cet acte, a écrit sur le registre de 1708 :

« Sachent tous présents et à venir que Saint-Sauveur est la véritable

nouveaux venus eurent beau faire opposition, ils subirent la sentence de l'official qui confirmait le concordat (25 juillet 1660).

Au fait, pour onze personnes, car le curé prenait sa part (un onzième), le revenu annuel, supputé par Mallebay de Lamothe sur le livre de distribution de 1763, consistait seulement, tant en rente noble que seconde, en grains et volailles, argent, obits et fondations : 1° en 29 setiers 1 quarte et 1 coupe de froment; 2° 27 setiers 2 quartes de seigle; 3° 9 setiers d'avoine; 4° 1,110 livres 10 sols d'argent, fort peu de dîme (1).

### Confrérie du Saint-Sacrement.

On ignore à quelle époque la confrérie du St-Sacrement fut instituée dans la paroisse ; mais, en 1620, l'évêque de Limoges Raymond de La Marthonie approuva ses statuts. Les registres où sont inscrits les noms des associés commencent seulement en 1720 : on y voit qu'alors ils étaient plus de quatre cents. Chaque année on choisissait, dans le

paroisse, et que Bellac est une paroisse aussi, quoique annexe de celle de Saint-Sauveur, et que, quoiqu'il n'y ait qu'un curé et un même registre, les garçons de Chaterie baptisés à Bellac ne peuvent en tirer aucun avantage, et n'ont pas plus de droit dans l'église de N. D. dudict Bellac que ceux de Peyrat et autres paroisses du voisinage. Lesdicts enfants de Chaterie ne sont censés baptisés à Bellac que par nécessité, quoique non exprimée dans les actes de baptême. »

(1) Mallebay, *Plan*, etc., p. 79.

clergé, dans la magistrature et parmi les marchands, un baile, un trésorier, un sacristain et quatre prud'hommes, chargés de diriger la confrérie. Un manuel spécial détermine le jour et le mode des exercices. Tous les troisièmes dimanches du mois, le St-Sacrement est exposé depuis la grand'messe jusqu'après vêpres.

### Recollets.

Les habitants de Bellac offrirent, le 20 juin 1633, à l'ordre de Recollets, du terrain pour bâtir une église et un couvent. Ils devaient aussi pourvoir à l'entretien de cinq religieux. Cette démarche n'eut point de résultat.

### Collége.

Les habitants de Bellac avaient eu, dès l'année 1608, le projet de fonder un collége. Le 29 septembre 1648, désirant enfin le réaliser, ils firent, par souscriptions, 700 livres de rente annuelle aux Doctrinaires (1), qu'ils appelaient, autorisant en outre ces pères à percevoir 200 livres par an sur le produit des octrois, « moyennant quoi lesdicts

---

(1) « La société de la Doctrine-Chrétienne, fondée, à Rome, vers le milieu du xvie siècle, par un gentilhomme de Milan, se composoit de prêtres et de laïcs qui avoient les mêmes priviléges. César de Bus les établit à Avignon en 1593. Ils formoient, en France, trois provinces : Avignon, Paris et Toulouse. Le général de l'ordre résidoit à Paris, dans la maison de St-Charles ; chaque province étoit gouvernée par un visiteur. » — Legros, *Limousin ecclésiastique*, man., p. 309.

révérends pères étoient tenus de faire à perpétuité les trois classes de grammaires latine et grecque, savoir : cinquième, quatrième et troisième, pour l'instruction de la jeunesse à la piété et bonnes mœurs, en attendant qu'il leur arrive augmentation de fonds raisonnables et suffisants pour faire chacune des classes d'humanités, rhétorique et philosophie restantes pour la perfection dudict collége ». M. de Lafayette, évêque de Limoges, autorisa l'installation des Doctrinaires à Bellac, et, le 11 octobre 1648, Rivaud, notaire royal, reçut l'acte de fondation et de dotation du collége. Dix ans plus tard, les demoiselles Catherine et Madelaine Buisson donnèrent à cet établissement une métairie, quatre vignes, un jardin et une maison, sans pouvoir lui communiquer la vie. En 1776, les élèves des trois classes avaient le même professeur. Les officiers municipaux tentèrent vainement, en 1779, en 1780 et en 1781, de rendre à leur collége le modeste éclat de ses premiers ans. En 1787, le procureur du roi Lacroix, dont j'analyse le rapport (1), eut beau vanter les avantages que trouve chaque famille à surveiller l'éducation et la moralité de ses fils : les souscriptions ne furent pas abondantes, et les élèves restèrent peu nombreux ; en sorte que la révolution n'eut à réprimer dans les Doctrinaires de Bellac

(1) Communiqué par M. Charles Génébrias-Goutepagnon, avocat à Bellac.

aucun abus de richesses. Dans le principe, cette maison avait un recteur électif, trois régents, un frère lai et un profès, qui disait la messe, et servait de suppléant. Leur bâtiment, situé où se trouve aujourd'hui le champ de foire, était extérieurement, dit l'abbé Legros, le plus bel édifice de la ville.

La chapelle du collége était dédiée à saint Joseph; les pères y fondèrent, en l'honneur de saint Joseph et du saint ange gardien, deux confréries dont les membres étaient très-nombreux en 1745.

#### Confrérie de Notre-Dame des Agonisants.

Fondée en 1658, elle reçut, en 1708, un réglement nouveau, signé : de La Coste, curé; Genebrias, prêtre syndic; Degude, prêtre, baile, directeur; Brunier, prieur de Vaqueur; Charreyron, vicaire. Un article exige que chaque associé se confesse et communie le jour de sa réception. Les dons étaient volontaires, on impose une petite rétribution annuelle. Le directeur est obligé de faire avertir par soixante coups de la grosse cloche lorsqu'un confrère sera malade, et sur-le-champ tous s'empresseront de venir chanter au maître-autel le *Sub tuum præsidium* et le *Salve Regina* pour obtenir, au bien aimé frère, par l'intercession de Marie, force dans ce dernier combat et sainte mort. Les deux bailes, nommés de deux ans en deux ans, payaient les *violons* et les *hautbois* qui, le jour de l'Assomption, accompagnaient, dans les rues de la ville, la statue de la sainte Vierge. Aujourd'hui une musique pleine de zèle et de goût, formée par M. Léon Couturaud et M. Brioude, prête à toutes les fêtes de la ville le concours le plus gracieux.

M. Dutheil, curé, et M. Rivaud-Dubreuil, magistrat de sûreté, réorganisèrent la confrérie en 1805.

Depuis cette époque ont été trésoriers :
Rivaud-Dubreuil ;
Genebrias-Fredaigue (1806) ;
Ribière, Jacques (1817) ;
Genebrias, Jean-Baptiste-Amédée (1821) ;
Brisset, Alexis (1823) ;
Rougier, Auguste (1829) ;
Thévenot, Julien (1838) ;
Goujaud, Lazare (1840).

#### Maison des Sœurs de Rouen.

Par testament, Jean Mallevaud, évêque d'Olonne *in partibus*, établit à Bellac, le 30 avril 1683, des sœurs de Rouen *pour enseigner la vertu aux filles pauvres de la ville* (1).

#### Maison des Filles de l'Union-Chrétienne.

Louis XIV autorisait, par lettres-patentes (novembre 1713), la supérieure des filles séculières de

---

(1) Nadaud, *Pouillé du diocèse*, art. BELLAC.

l'Union-Chrétienne de Poitiers (1) à fonder une maison dans la ville de Bellac; un arrêt du 8 mars 1714 ordonnant des informations préalables, malgré l'intervention active du procureur du roi, François Mallebay, oncle de l'historien, le parlement n'enregistra que le 17 août 1717 la permission concédée par **Louis XIV.**

Cette même année 1717, les filles de l'Union-Chrétienne s'installèrent près de la chapelle de St-Jean-Baptiste. Ce fut seulement le 6 novembre 1733 qu'elles se chargèrent des pauvres de l'Hôtel-Dieu, d'où elles sortirent au mois de février 1759 pour habiter jusqu'en 1793 une maison qu'elles achetèrent. « Elles avoient 6,000 livres de revenu et une pension du roi de 1,200 livres, sous le spécieux prétexte de convertir, retirer et garder les femmes et filles de la prétendue religion réformée, tandis qu'*il n'y en a ni n'en fut jamais dans la province* (2). »

Cette communauté se composait de onze sœurs et de trois converses, d'après Nadaud. Legros porte le nombre à vingt.

### Confrérie des Pénitents blancs.

La confrérie des pénitents blancs fut établie, en 1726, dans la chapelle de St-Michel, au faubourg (3),

---

(1) La maison mère était à St-Chaumont de Paris.

(2) Mallebay, *Plan*, etc., p. 114.

(3) Fondée, le 14 mai 1450, par Guillaume Charon, sieur de Mazières.

démolie, par acte de ville, le 23 septembre 1759. Ils se réunirent ensuite, jusqu'en 1793, dans la chapelle des Doctrinaires; depuis le concordat seulement ils occupent celle de St-Jean-Baptiste, leur patron.

### Maison des Sœurs de la Croix.

M. de Coetlosquet, évêque de Limoges, les établit, à Bellac, le 20 janvier 1746, dans la maison qu'avaient occupée d'abord les sœurs de Rouen, près de la chapelle de Saint-Jean-Baptiste. Elles ont tenu école jusqu'en 1793. A cause du revenu modique qu'on leur faisait, elles n'étaient que deux.

### Maison des Sœurs de la Sagesse.

Trois des sœurs de la Sagesse, dont la maison mère est à St-Laurent (Deux-Sèvres) vinrent, en 1819, desservir l'hospice. Le double passé, le 14 octobre de la même année, entre les administrateurs et les supérieurs généraux de la congrégation est signé : Duchesne, P. M.; S$^r$ St-Calixte; Arbellot de La Gasne; Dutheil, curé; Tournois-Bordessoule, et Grateyrolle, qui approuvait l'écriture.

Depuis bon nombre d'années, ces dames sont

---

dont la veuve paya, le 21 mai 1451, pour droits d'amortissement de la donation, six loyaux d'or à Bernard d'Armagnac, comte de la Marche. La petite place qu'on voit devant l'hospice est sur le terrain qu'occupait la chapelle. On dit encore, en désignant cette partie de la ville, le quatier de la Chapelle.

sept, plus une sœur converse. Voici le nom de leurs supérieures :

S' St-Lucien (1819);

S' Ste-Apollonie (1828);

S' Ste-Agnès-de-Jésus (1835);

S' Marie-Eléonore (1849).

### Maison des Frères de la Doctrine-Chrétienne.

Deux hommes pleins de cœur et de religion, M. L.-F. Genebrias-Desbrosses, ancien substitut du procureur du roi, 1er suppléant du juge de paix, et M. V. Dunoyer, notaire, accueillant la pensée pieuse de leur ami commun M. Christophe Mérigot, curé de Bellac, avec des souscriptions et leurs dons généreux, ont préparé en très-peu de temps une habitation vaste et le revenu nécessaire pour cinq enfants du bienheureux abbé de Lasalle. Depuis le mois de novembre 1844, ces ouvriers habiles moralisent et enseignent les enfants de la ville, si bien qu'ils ont gagné déjà la sympathie même de ceux qui, nourrissant d'abord contre eux les préjugés vulgaires, s'étaient montrés hostiles. Aujourd'hui, bien qu'on ait recours encore aux souscriptions, l'œuvre ne peut plus périr. Trois cents élèves sont reçus dans les classes. Le conseil municipal alloue certaine somme pour fournir des livres aux enfants pauvres : sa crainte d'accepter un devoir trop onéreux finira par céder au vœu de la population, et il prendra cette école sous son patronage. Cette décision l'honorera. Quoi qu'il arrive, Bellac devra, pour cette œuvre, beaucoup de reconnaissance aux familles les plus anciennes et les plus riches des environs : MM. Desmontiers de Mérinville, de Charpentier, de Bagnac, de Montbron, de Roffignac, de Béreix et Lecointre ont prêté un concours d'autant plus généreux qu'il était complètement désintéressé.

Frère Hésique, directeur (1844).

Frère Herbert (1847).

### Juifs à Bellac.

Des juifs nombreux habitèrent à Bellac la partie de l'ancien faubourg nommée aujourd'hui rue du Coq. On nous saura gré sans doute de voir reproduit ici le passage curieux et original où MM. Robert racontent le séjour des juifs dans la Marche et dans le Limousin : « Geoffroy de Bossi, en sa chronique manuscrite, et Claude Robert, en la *Gaule chrétienne*, disent qu'Aldoin, consacré évêque de Limoges l'an 992, fils de Géral, vicomte de Limoges, et de Rothilde, contraignit les juifs qui étoient dans son diocese de le quitter ou se faire baptiser. A cette fin il leur donna pendant un mois des docteurs pour leur enseigner ce qui étoit de la foy chrétienne. Il y en avoit nombre à Bellac. La plus grande rue d'icelle ville, quand l'on y entre du côté du Dorat, porte encore le nom de rue

*Juifve,* ainsi qu'à Paris la rue Juifve ou Juiverie, à cause des Juifs qui y habitoient autrefois.

» ... ....Dans le fragment d'une ancienne chronique manuscrite du Limousin il est dit qu'il y en avoit à L'Isle-Jourdain, et possible avoient-ils imposé le nom à ce lieu de l'agréable fleuve de Judée mentionné en divers endroits de l'Ecriture sainte. Il y est dict aussi qu'il y en avoit à Felletin, Aubusson en la haute Marche, à La Souterraine et à Lymoges, car nos comtes de la Marche et les vicomtes de Lymoges avoient droit de tenir des juifs en leurs terres, desquels ils tiroient de grands tributs. » L'auteur parle ensuite de l'expulsion des juifs sous Philippe-Auguste. « .........Donc il ne se faut estonner si nous avons plusieurs villes et lieux de ce pays de la Marche qui ont leurs noms semblables à beaucoup de ceux mentionnés en l'ancien Testament, et qui sont hébreux, ainsi que *Belac, duquel est parlé au* XLVI$^e$ *chapitre de la Genese, au Paralipomen* (sic), *ch. VII, au livre des Nombres, ch. XXVI,* et signifie *détruisant* et *engloutissement,* Dorat venant de *Dor,* qui étoit une cité de la tribu de Manassé. On en parle en *Josué,* ch. XI et XVII, des *Juges,* ch. I$^{er}$, et aux *Machabées,* ch. XV. Voyez ma préface sur la vie de saint Israël, qui signifie *génération.* » (Dom Fonteneau, vol. XXX, p. 139 — 141.)

## CHAPITRE QUATRIÈME.

### Monuments religieux.

#### Église de Saint-Sauveur.

L'église de Saint-Sauveur, détruite dans le siècle dernier, avait pour fête patronale *l'Exaltation de la sainte Croix* (14 septembre). « Audebert, comte de la Marche, la donna au chapitre du Dorat dans le XIe siècle. Aussi voit-on que l'aquilaire du chapitre nomma, sur la présentation de ses confrères, en 1558, 1559, 1566, 1577, 1584, 1596, 1597, 1603, 1619, 1651, 1656, 1657, 1661, 1707, 1719 et 1755. L'évêque en fut le patron les années 1605, 1618 et 1619 (1). »

#### Notre-Dame de Bellac.

L'église actuelle, autrefois succursale en ville murée, puis annexe, est composée de deux nefs. La plus ancienne, placée à droite, fut jadis la chapelle du château des comtes de la Marche. Son architecture est du XIe ou du XIIe siècle pour le plus tard. Peut-être fut-elle bâtie au commencement du XIe,

---

(1) *Pouillé du diocèse*, T. I, p. 74.

à cette époque où le monde, mais surtout la France et l'Italie, pour montrer qu'elles renaissaient à l'espérance, l'année fatale écoulée, voulurent rebâtir les monuments religieux, même ceux d'une construction récente (1). La nef gothique est du xiv$^e$ siècle. Placée parallèlement à l'ancienne, elle a deux travées. L'autre est plus longue de toute l'épaisseur du clocher, qui fait suite à la partie la plus récente de l'édifice, et qui, comme elle, est du xiv$^e$ siècle. Deux chapelles latérales, en style gothique, flanquent le mur extérieur de chaque nef. Celle qui tient à la nef la plus ancienne, et qui sert actuellement de sacristie, se distingue de l'église proprement dite par des détails architectoniques plus élégants. Elle est du xv$^e$ siècle; mais déjà elle menace ruine, aussi bien que la voûte de la nef gothique, et les paroissiens sont tellement effrayés d'une chute prochaine que, en 1848, quelques graviers s'étant détachés, les fidèles qui écoutaient le prône vidèrent instantanément l'église, au grand péril de tous.

(1) « Igitur, infra supradictum millesimum, tertio jam fere imminente anno, contigit in universo pene terrarum orbe, praecipue tamen in Italia et in Galliis, innovari ecclesiarum basilicas, licet pleraeque decenter locatae minime indiguissent. Aemulabatur tamen quaeque gens christicolarum adversus alteram decentiore frui : erat enim instar ac si mundus, ipse excutiendo semet, rejecta vetustate, passim candidam ecclesiarum vestem indueret. Tunc denique episcopalium sedium ecclesias pene universas, ac cetera quaeque diversorum sanctorum monasteria, seu minora villarum oratoria, in meliora quique permutavere fideles. » Glaber, *Rerum gallic. et francic.*, T. X, p. 29.

L'auteur du *Mémoire historique concernant la ville de Bellac* (1) dit : « On voit dans l'église paroissiale les armoiries de la maison du Cros *(de Roffignac)*, celles de Brutus de Mortemart, lieutenant des premiers comtes de la Marche, et celles du cardinal de Mortemart avec cette inscription : « QUATIMUR NON FRANGIMUR UNDIS (2) ». On y voit encore, dans un tableau, Pierre Audebert, vice-sénéchal de la basse Marche, qui fut tué à la tête de soixante arquebusiers, en 1619, lorsque Louis XIII fit le siége de Montauban ».

Evidemment il s'agit ici de l'église de Notre-Dame.

On n'y trouve plus que deux écussons : le premier, dans un vitrail, au-dessus du maître-autel de la nef gothique, est mi-partie de gueules et d'argent avec un chevron d'argent et une étoile d'or en chef dans la première, un lion grimpant de sable brochant sur le tout. Ces armoiries ont beaucoup de rapport avec celles de la famille de Monteruc. L'autre, placé à la clef de voûte de la même nef, dans le chœur, et encore avec le chapeau de cardinal dans la chapelle du XVe siècle, des deux côtés de la muraille, porte dans le champ trois croisettes, deux et une. Sa face est chargée de trois étoiles (3).

(1) *Feuille hebdomadaire*, 10 mai 1780.

(2) « Les flots nous frappent sans nous briser. »

(3) Dans la pensée que ces dernières armoiries pourraient bien être celles du cardinal de Mortemart, et pour nous en assurer, nous nous

Nous avons dit déjà qu'il avait fallu abattre les flèches du clocher ébranlées deux fois par la foudre : en 1793 on travaillait à le reconstruire. Dans la séance du 4 frimaire an II, un membre du club s'indigna de ce qu'on osait s'occuper d'un clocher *dans un moment où on devrait plutôt le faire tomber avec le fanatisme dont il était la trompette.* Pour calmer ce patriote, on chargea les citoyens Panissat, procureur syndic, et Arbellot, commis national, d'obtenir que provisoirement la municipalité fît couvrir le clocher à moindres frais, en dédommageant convenablement les ouvriers qui avaient entrepris cette construction.

Nous allons donner la liste des reliques de cette église, en faisant observer que, par un respect mal entendu, on a laissé perdre les noms des saints auxquels appartinrent la plupart de ces précieux ossements :

sommes procuré le dessin de celles qui sont dans la communauté des Augustins de Mortemart. Elles se composent de deux écussons à trois pointes et unis : à droite l'écu de France aux trois fleurs de lis, à gauche deux étoiles en chef et un croissant renversé. Ce rapprochement n'autorisait aucune conclusion favorable. M. Quantin, archiviste de l'Yonne, nous assure que les armes de cet ancien évêque d'Auxerre sont trois croisettes, deux et une, avec une étoile en chef. La différence n'étant pas considérable entre les deux écussons, c'est donc probablement à quelqu'un de la famille du cardinal qu'est due la nef gothique de l'église que nous étudions. Mais, ce nom trouvé, reste la difficulté de dire pourquoi les mêmes armoiries se produisent dans deux constructions de siècles différents. Nous laissons à d'autres l'honneur de répondre.

1° Dans un buste ayant pour titre saint Senen, deux étiquettes effacées sur lesquelles je crois lire *saint Donnan* et *saint Senart;*

2° Un reliquaire en forme d'ostensoir renferme trois reliques de saint Vincent-de-Paul;

3° Une partie assez considérable d'un os long, sur lequel on ne trouve plus aucun vestige d'étiquette;

4° Une parcelle de la vraie croix;

5° Un bahut en cuivre doré et émaillé, en forme d'église à deux pignons et à chevet carré, sans transepts, a 26 centimètres de longueur, 12 de large et 20 de hauteur. Ce bahut, des plus anciens et des plus curieux, est orné de brillants et de pierres taillées. Onze médaillons d'émail incrusté représentent, les uns, des figures d'animaux fantastiques, et les deux principaux, Notre-Seigneur entouré de cette légende IHESVS XRISTVS, et la sainte Vierge avec cette inscription : SANCTA MARIA MATER DNI. Trois médaillons manquent du côté où l'on voit les reliques. On lit seulement S. P. sur l'une des trois reliques de première case à droite. Au milieu et à gauche sont cinq fragments sans aucun nom.

Les tableaux abondent dans l'église de Bellac, et pas un ne lui fait honneur. Les deux meilleurs sont un tableau dit *Calvaire,* qui a figuré dans une exposition, puis une *Adoration des bergers.*

Le *Pouillé du diocèse* consacre presque trois pages aux vicairies (1) fondées dans l'église de Bellac. Voici les noms les plus intéréssants pour l'histoire de cette ville :

1° Pierre de Monteruc, cardinal dit de Pampelune, mort en 1385, fonda la plus ancienne à l'autel de la sainte Vierge (Nadaud pense que les quatre vicairies de cet autel sont dues à plusieurs cardinaux).

2° Une autre vicairie, due à Thomas de La Marche, prêtre (1405), eut pour patrons : de La Marche, nommé ailleurs Urtebize, bourgeois (1470); La Marche, marchand (1477), et Urtebize, de Niort (1556, 1565).

3° Pierre Vachon, notaire, fonda, le 4 juin 1435, une vicairie à laquelle nommèrent : Boulet, sieur de Thauveyrat, en 1570; Jacquette de Marsanges, veuve de Boulet, sieur dudit lieu et de Lajouignac (1597, 1603); Boulet, sieur de Thauveyrat et de Panissac (1620); Jeanne Chaud, veuve de Joachim Charon, écuyer, vice-sénéchal de la basse Marche (1652); Jeanne Charon, veuve de Jean Boulet, sieur de Panissac (1660); Audebert, sieur de La Borde et de Fontmaubert (1728); le même, procureur du roi à la police, en 1736; Gervais Audebert, sieur de Fontmaubert, avocat du roi au bureau des finances de Limoges (1748).

(1) Espèce de bénéfice ou de prébende que conféraient, sous le nom de patron, le fondateur et après lui ses héritiers.

4° Une fondation de Guillaume des Monts, chevalier, fut augmentée, en 1460, par François de Combaret, chevalier, sieur de Nouailles, sur la paroisse de Bersac, et veuf de Jacquette des Monts, fille du fondateur; patrons, Claveau, sergent royal général, de 1603 à 1617; le sieur de Châteauneuf, président à l'élection en 1656; Claveau, sieur du Mas-Bertrand (1670-1717); femme de Leborlh, sieur de Chégurat, conseiller au siége royal et assesseur eu la maréchaussée, comme fille et unique héritière du sieur du Mas-Bertrand (1717); Leborlh de Chégurat, sieur de Juniat, conseiller au siége royal de Bellac (1765).

5° Charon, licencié ès lois, juge châtelain (1558); Pailhier, prêtre du lieu du Cros, paroisse de St-Bonnet (1576), et J.-B.-Valeric Bournin de Grandmont, écuyer, sieur de Puymartin, secrétaire du roi (1763), nommèrent à une vicairie fondée par Jean Chambon, bourgeois, en 1505.

6° Une autre fondation, de Philippe Bertrand, écuyer, sieur de Thauveyrat, eut successivement pour patrons: La Coudre (1531); François de Marsanges, écuyer, sieur de La Coudre (1561-1567); Jean sieur de La Corre (1571); Gabriel Papon, écuyer, sieur de La Corre et du Breuil, avec Gabrielle de Marsanges, sa femme (1592-94); Pierre de Marsanges (1581); François sieur de Berneuil (1662).

7° Autre fondation, par Pierre Chauvet, chevalier (1477). Les patrons furent : Jean Chauvet, damoiseau, sieur de Fredaigue et des Brosses (1479); Chauvet, écuyer, comme seigneur des Brosses et de Fredaigue (1531).

8° Simon Vergnaud, fondateur d'une nouvelle vicairie par son testament du 28 juin 1546, signé Desgranges et Genebrias.

9° Vicairie fondée par Junien Vergnaud, prêtre, pour un prêtre séculier le plus proche parent et habitant de Bellac (14 avril 1557). Furent patrons : Vergnaud, greffier (1559); Vergnaud, greffier (1574); Vergnaud, notaire royal (1579); Vergnaud, procureur (1610).

10° Fondation de Jean Bérard, reçue par Genebrias le 14 mai 1559. Les patrons furent : Bergier, apothicaire; en 1581, Raymond, marchand, qui le devint par un titre signé Bouchard et Massoulard; Raymond, sieur du Cluzeau, lieutenant-général civil et criminel (1610); François, écuyer, lieutenant-général (1655); Anne, fille et héritière de Joseph, receveur des tailles (1655); le sieur du haut et bas Monteil (1696); Pierre Barton, chevalier, seigneur de Montbas, avec Louise de Raymond, sa femme (1729-1731).

11° Fondation de Guillaume Chau, prêtre, reçue, le 13 juin 1566, par Genebrias; patrons : Chau, licencié ès droit, juge de Bellac (156....), etc.

12° Fondation de noble Guillaume de Lavau,

conseiller au parlement de Bordeaux et seigneur de Drouilles; patrons : Jean de Jouvion, écuyer, sieur de Drouilles, Leychoisier, etc. (1624); de Jouvion, sieur de Bordesoule, conseiller à l'élection (1659); la veuve de Faulconnier, lieutenant assesseur criminel en la sénéchaussée (1728); Faulconnier, écuyer (14 mai 1785); François Hélitas, prêtre, vicaire de Bellac, sur la démission de François-César Faulconnier (1785).

13° Fondation de Simon Moulinier, curé (1674). En 1735 Moulinier, sieur du Moulin-Mataud, était patron.

14° Fondation de Martial du Noyer, marchand (1457).

15° Fondation de Martial Gallicher, docteur ès droit, archidiacre de l'église de Meaux, homologuée en 1538; patrons : Gallicher, licencié ès lois (1561); de La Salle-Gallicher, sieur des Termes, héritier de sa femme née Gallicher (1636), conseiller en 1661.

Il y a dans la paroisse quarante-deux villages ou hameaux :

La Pépinière, La Pique, Bordessoule, un des domaines du Monteil avec la maison des maîtres, Bélair, Les Epanours, Les Borderies, Saint-Sauveur, Géroux, Jolibois, les Vieux-Blas, Lorette, le moulin Mataud, le moulin Barret, le bas Thauveyrat, le moulin Roche-Courbière, le moulin Vaugelade ou

Blanchard, le moulin Blanc, Le Pigner, La Grange-Desselle, Les Thuilières, Vacqueur, Chohue, Lépaux, Les Granges, La Corre-du-Bost, La Gasne, Le Mas-Bertrand, le moulin Rochard ou Léventra, le moulin Picheret, le moulin Pasquet, Goutepagnon (seulement la maison des maîtres), Curzon, Perrouzeau, Montmartre, La Maison-Neuve, Fraigefont, Les Neuf-Fontaines, La Grange, La Grange-Fleurand, la maison Pasquelot à la forge à fer, le pont de la Bazine.

### St-Martin-de-La-Gasne.

L'autel de la chapelle de La Gasne, située à près de deux kilomètres sud-ouest de Bellac, fut consacré le 4 novembre 1553.

Par acte signé Charraing, François Tournois, marchand, y fonda une vicairie, dite de St-Jean, le 7 décembre 1553. (Le pouillé qui m'a fourni ces renseignements porte encore entre parenthèses le 17 décembre 1557.) Le patron devait être d'abord le fils du fondateur, puis le plus ancien et le plus proche parent mâle, et, à leur défaut, les filles de ce plus proche parent. Les signatures que nous avons trouvées indiquent toutes les phases par lesquelles passa la famille, dont le dernier descendant mâle est mort en 1849, après avoir été tailleur d'habits : Tournois, marchand (1578, 1613, 1623); sieur de La Gasne (1668, 1680); perruquier

(1705); tanneur et corroyeur (1729); coutelier (1767).

Depuis long-temps ce petit sanctuaire tombait en ruines : sa toiture défoncée et ses murs croulants abritaient mal quelques statues vermoulues, et néanmoins on y venait fréquemment des paroisses voisines en pèlerinage. Le 11 novembre surtout il y avait un petit concours, et la chronique raconte qu'on y faisait des cérémonies passablement ridicules. Par exemple, la statue du saint, portée solennellement, devait être lavée dans une fontaine par le plus digne de la bande. Le propriétaire actuel, homonyme du fondateur de la vicairie de St-Jean, a eu la bonne pensée de restaurer la chapelle, et, le 11 novembre 1849, dûment autorisé, j'ai eu l'honneur de la bénir comme vicaire de Bellac.

Malgré la gelée des jours précédents, malgré la neige qui commençait à tomber, et qui couvrit bientôt la terre, nous fîmes dans les champs la procession d'usage. L'hospitalité fut aimable et bonne ; les nombreux pèlerins furent édifiants par leur foi simple et vive : nous eûmes une véritable fête.

### Ancienne paroisse de Vacqueur.

Vacqueur ou Vacqueyre se trouvait autrefois sur la paroisse de Blond. Sa chapelle fut déclarée cure par arrêt du conseil de 1564. Elle était sous le vocable de Sainte-Catherine, martyre, et dans l'archiprêtré de St-Junien. Le prieur et les religieuses de Montazay, ordre de Fontevrault, dans le diocèse de Poitiers, y nommaient en 1722 et 1753 (1). Depuis 1793 la chapelle est convertie en four banal : cependant, jusqu'en 1830, le clergé allait encore y bénir les sépultures, les cérémonies se faisant sous une espèce de hangar. Jusqu'à la même époque, on avait, à la mairie de Bellac, un registre spécial pour la *commune de Vacqueur*, qui se composait de trois villages : Vacqueur, Chohue et Le Mas-Bertrand.

### Liste des Desservants.

1682. — Brunyer, curé.
1716. — Claveau, prieur.
1750. — Peyraud, vicaire.
1753. — Thoveirat.
1755. — Desessarts de Thoveirat, curé.
1763. — Lafleur des Essarts, prieur.
1780. — Charraing, vicaire.
1782-92. — Delacoux, prieur.

### Notre-Dame-de-Lorette ou de Vadat.

Située près de l'ancienne route de Bellac à Limoges, sur l'éminence qui borne l'horizon de ce côté, la chapelle de Lorette fut bénite le 22 mars

---

(1) Nadaud, *Pouillé*, T. 1, p. 84.

1621 (1). Les habitants de Bellac demandèrent, en 1625, des Cordeliers pour habiter cet ermitage. Les moines ne vinrent pas ; mais un prêtre nommé par le curé de St-Sauveur, le corps de ville et les officiers de la sénéchaussée y célébrait chaque jour la sainte messe, vivant des oblations des fidèles dans une maisonnette qui communiquait à la chapelle. Un acte du 9 février 1643, signé Moulinier, curé; de La Salle-Gallicher, Desbordes, Gallicher, Charron, consuls; de Poncharaud, avocat et procureur du roi ; Charon, conseiller; Faulconnier, etc., nomme François d'Ablemont, prêtre, ermite et religieux de St-Antoine à la place du frère Germain.

Par un contrat du 29 septembre 1648, la ville s'imposa, en faveur des Doctrinaires, l'obligation de réunir à leur collège cette chapelle et ses dépendances. L'acte est resté sans résultat (2).

Le lundi de la Pentecôte de 1695 (23 mai), François B..., capitaine d'infanterie en retraite, Léonard Pa..., son parent, Jean M..., arquebusier, Jacques C..., voiturier, et Jean P..., meunier, soupaient ensemble chez M... Ils formèrent le projet d'aller le lendemain voler les vases sacrés de Lorette, après

---

(1) Le *Pouillé du diocèse* met 1612 : ce doit être une erreur ; l'autre date se lit sur une pierre destinée à être en évidence dans la façade de l'ancienne construction.

(2) Mallebay, *Plan*, etc., p. 110.

avoir tué le desservant, Jean Chabelard, qui l'habitait avec un neveu d'environ huit ans. Le mardi, vers deux heures du soir, ces cinq misérables se trouvèrent au rendez-vous. M... entra seul dans la chapelle, où Chabelard disait son bréviaire, à genoux devant l'autel. Invité à passer dans la sacristie pour attendre un instant, il alla bien vite par la cuisine et la cour introduire ses complices restés dehors; mais le bruit qu'ils firent força le bon prêtre à interrompre ses prières pour savoir ce qu'on lui voulait. Ces messieurs demandant à boire, Chabelard consentit *de bon cœur*, et se rendit au cellier. On l'y suivit, et, pendant qu'il tirait le vin, François B... le renversa d'un coup de hache sur la tête; les autres consommèrent le meurtre, et le cadavre fut jeté dans le puits de la cour. Cependant le neveu de la victime entra, et il connaissait M..., son parrain. Il fallut s'en défaire encore. Les assassins, après l'avoir précipité dans le puits, prirent le calice, qu'ils brisèrent, l'argent, les joyaux et autres objets déposés chez lui par des particuliers : ils emportèrent tout, même son papier journal. B... s'empara de l'argent; le calice fut enterré au pied d'un petit arbre dans un jardin de Chapterie. C... cacha les bijoux dans le puits de son jardin. Mais les murs ont des yeux, et les buissons des oreilles. Le procès-verbal d'Audebert du Francour, vice-sénéchal de la basse Marche, raconte qu'on sut retrouver toutes ces choses. Le

16 juin suivant, C... et Pa... furent arrêtés le même jour, et M.. peu après. B... et P... s'étaient évadés.

Joseph Charon, sieur de La Borde, procureur du roi, chargé du réquisitoire, fit condamner ces cinq brigands à être rompus vifs à la roue après avoir fait amende honorable, la torche au poing, devant l'église de Notre-Dame. M... fut exécuté le premier, le 9 août 1695, puis exposé sur le grand chemin de Bellac au Dorat; C... et Pa... subirent aussi leur sentence le 20 octobre suivant : leurs cadavres furent exposés sur la route de Limoges, au-dessus de la montée du ruisseau de Géroux. Les deux autres coupables ne purent être exécutés qu'en effigie (1).

En 1805, un ouragan terrible qui s'éleva, deux jours de suite, vers sept heures du soir, emporta, le 12 juin, la toiture de la chapelle. La masure qui resta, achetée par la famille Mallebay-Décheyrat, disparut bientôt : cependant mademoiselle Claire Décheyrat, morte depuis religieuse à Poitiers, fit placer l'image de la sainte Vierge dans une niche adjacente au pignon de la maison actuelle, et l'on vint encore la vénérer.

Un dévot confrère de la sainte Vierge, M. Lazare Goujaud de Chapterie, aimait surtout à se rendre à Lorette chaque soir quand il quittait le travail.

(1) J'ai pris ce récit dans deux notes extraites, l'une, des procédures; l'autre, par Mallebay de La Mothe, du *Traité des fiefs* de Charon, avocat à Bellac; ouvrage manuscrit, ch. LIII, n° 7.

Les récits du foyer lui avaient appris dès l'enfance le concours et la solennité touchante du 8 septembre dans ce même lieu si désolé maintenant. Ce souvenir des anciens jours, que sa mémoire rappelait si souvent, lui donna la pensée d'acheter l'emplacement, et d'ériger à ses frais un petit oratoire. M. le curé voulut faire quelque chose de plus convenable : des aumônes ont élevé la construction actuelle, que l'art n'a pas embellie, mais que la foi des paroisses voisines n'en estime pas moins précieuse

Depuis le 8 septembre 1843, époque où elle fut bénite par M. Dissandes de Bogenet, vicaire général, l'affluence est, à chaque anniversaire, de plus en plus considérable. De tout le canton l'on vient processionnellement avec la croix, les bannières, les vêtements de fête et des bouquets de fleurs, entendre la messe de son curé dans la chapelle.

La paroisse de Blond surtout se distingue par le grand nombre d'hommes qu'elle députe. Lorsque, après la grand'messe, on porte le St-Sacrement de Lorette à l'église de Bellac, toute la ville est debout, silencieuse et recueillie dans les rangs, ou joyeuse et parée aux fenêtres, pour s'édifier de ce pieux spectacle, et recueillir sa part des bénédictions. Tous les jeudis de l'année, une messe est dite à Lorette.

Espérons que, Dieu daignant opérer dans ce sanctuaire quelque miracle éclatant, nous aurons bientôt à Lorette un lieu non pas plus cher et plus sacré, mais connu de la France entière comme Rocamadour, Notre-Dame-de-la-Garde et Notre-Dame-du-Port. La foi et la pureté de cœur sont toutes-puissantes, surtout lorsque le cœur incomparable de Marie se fait leur interprète auprès de Dieu.

On conserve encore de l'ancienne chapelle la pierre d'autel, un bénitier en granit, et, sur la porte d'entrée, une large pierre, qui porte la date 1621 au-dessous des lettres M A du monogramme Jésus sauveur des hommes IHS, et d'un écusson soutenu par deux anges. M. Mérigot a fait ajouter la date de la réédification 1843 (on a mis à tort 1844). Une gracieuse image de la sainte Vierge surmonte, dans l'intérieur, un autel en marbre d'assez bon goût. Tout près, à droite, se trouve aussi l'ancienne image.

###### Chapelle de St-Jean-Baptiste.

La chapelle de St-Jean-Baptiste, qui est au plus de vingt pieds carrés, porte aussi la date de sa construction, 1711. Les sœurs de la Croix y firent leurs exercices de piété tout le temps qu'elles habitèrent Bellac; avant elles, les sœurs de l'Union-Chrétienne en avaient eu l'usage pendant quelques années.

Après le concordat, MM. Léonard Lagorce et

Jacques Arbellot du Repaire l'achetèrent de M. Lacroix, acquéreur national, pour la confrérie des pénitents blancs, dont ils étaient dignitaires. Elle devait causer bien des tribulations aux nouveaux propriétaires. Un décret ayant fait fermer toutes les chapelles que l'évêque ne jugerait pas nécessaires au culte, pour continuer leurs réunions dans celle de St-Jean, MM. Lagorce et Arbellot demandèrent au ministre qu'elle devînt *oratoire public*. Leur réclamation obtint ce décret impérial du 23 janvier 1806 : « Art. 1er. Il est permis, conformément à la demande de M. l'évêque de Limoges, de faire exercer le culte dans la chapelle des ci-devant religieuses de la Croix. — Art. 2. La chapelle ci-dessus aura titre d'*annexe*, et le culte public y sera exercé sous la surveillance du curé de la paroisse dans laquelle elle est située. » M. le curé de Bellac obtenait ainsi le droit de garder les clefs de la chapelle. Les pénitents eurent peur d'avoir aliéné leur propriété par une demande imprudente; ils multiplièrent les démarches et les instances pour faire annuler le décret du 23 janvier s'ils n'obtenaient pas la faculté d'administrer eux-mêmes la chapelle. En 1810 seulement, une lettre du ministre à l'évêque et au préfet leur assura la possession paisible de leur oratoire; mais le décret ne fut pas révoqué.

# TROISIÈME PARTIE.

Hommes de lettres. — Magistrats, etc.

AUDEBERT (Etienne) naquit à Bellac vers la fin du XVIᵉ siècle. Il entra dans la compagnie de Jésus. Après avoir étudié la philosophie et la théologie avec la plus grande application, il s'adonna tout entier à l'étude des langues savantes; il apprit le syriaque, l'hébreu, etc., et consacra ses talents à la défense de l'église romaine contre les calvinistes. Par son zèle Audebert affermit ceux qui chancelaient dans la foi, et ramena à la vérité ceux qui s'étaient laissé séduire par l'erreur. Il fit des courses apostoliques dans la Gascogne, le Béarn, la Saintonge et l'Aunis, et devint la terreur des prédicants. Le cardinal de Richelieu l'appela à Paris. Tandis qu'Audebert formait des projets de concert avec le ministre pour arrêter les progrès de l'hérésie, il mourut en 1637. Audebert eut un frère (Jean Audebert), qui fut élevé aux premières charges de son ordre, et qui se rendit célèbre par son érudition. Nous avons d'Etienne Audebert :

1° *Confession de Foi;*

2° *Claire et naïve Explication de St Augustin sur la sainte Eucharistie;*

3° *Dialogue de M. le baron de La Chèze avec le R. P. Audebert de la compagnie de Jésus sur la sainte Eucharistie;*

4° *Le Triomphe de la Vérité sur la Transsubstantiation et le Purgatoire;*

5° *Théodoret expliqué avec le livre de Gélase des deux Natures;*

6° *Traité de l'Ange Gardien;*

7° *Déclaration du décret du concile de Constance, session XIX^e,* etc.

Vitrac, *Feuille hebd* , 1776.

Audebert (Jean), en religion *Bernard*, naquit à Bellac en 1600, et entra chez les Bénédictins, à Nouaillé en Poitou, le 11 novembre 1620. Il fut le premier abbé de Saint-Sulpice de Bourges après la réforme de Saint-Maur (1636). Comme grand-prieur de Saint-Denis, il prit possession, pour son ordre, du monastère d'Argenteuil (11 novembre 1646). Il fut nommé ensuite prieur de Saint-Germain-des-Prés (1656), deux fois assistant du général des Bénédictins, et enfin, de 1660 à 1672, général de la congrégation. Ce fut lui qui reçut à Saint-Denis le corps d'Anne d'Autriche pour l'inhumer dans le tombeau des rois. Le père Estiennot rend hommage à son mérite éminent et à sa piété. Le savant Mabillon avait entrepris, par son ordre, l'histoire des Bénédictins, celle des saints qu'ils ont produits, et une édition nouvelle des œuvres de saint Bernard. Il consigna dans des mémoires tout ce qu'on avait retenu de cet Audebert, dont il parlait toujours avec vénération.

Il fallut décharger des fonctions de la supériorité notre illustre compatriote, parce qu'il était devenu aveugle : trois ans après, il mourut dans l'abbaye de Saint-Germain-des-Prés (29 août 1675) (1).

AUDEBERT (Pierre). L'épitaphe qu'on va lire d'après Nadaud (*Nobiliaire*, t. II, *man.*) et Legros (*Dict. hist. man.*), fait l'histoire de ce vice-sénéchal de la basse Marche. Avant la révolution elle se voyait dans l'église de Bellac.

*Epitaphe de Pierre Audebert,*
*escuier, sieur du Francour, vis-senechal de*
*la basse Marche, et capitaine de cinquante*
*arquebusiers à cheval, pour le service du roy.*

 Passant, arreste-toi, regarde en cette bierre ;
 Cy repose le corps du Francourt généreux,
 Francourt, de qui le nom *ce* porte en mille lieux
 Soubs l'esclat lumineux de sa valeur guerriere.
 La Marche le *connut* où la charge sévere
 Il exerça long-temps d'un prevost courageux ;
 Et le prince, averti de ses gestes fameux,
 Le voulut prez de soy, le jugeant nécessaire.
 Au camp de Montauban il se fit admirer :
 Le premier au combat, tardif au retirer,

(1) Nadaud, *Mémoires man.*, t. I, — Legros, *Dict. hist.* — Mallebay, *Plan*, etc.

N'aymant pour tout butin qu'une gloire immortelle.
Il mourut à Monheur, au martial effroy,
Combattant pour sa foy, pour son Dieu, pour son roy :
Heureux celui qui meurt pour si juste querelle!

GALLICHER (Martial), docteur en droit, fut successivement curé des Saints-Innocents, archidiacre de Brie, conservateur des priviléges apostoliques, et chanoine de Notre-Dame de Paris. En 1511 il avait assisté au concile de Pise. Il fonda une prébende (1530) dans le chapitre de St-Thomas, nommé plus tard St-Louis-du-Louvre, et, par son testament (1536), deux bourses : l'une au collége de St-Nicolas-du-Louvre, l'autre au collége de Fortet. Les administrateurs de ces établissements n'acceptant pas la fondation des deux bourses, elle fut transférée au collége de la Marche, où le cardinal de Nouailles n'admit plus qu'un boursier (1692), parce que le revenu laissé par Gallicher ne suffisait pas à l'entretien de deux élèves. L'intention du testateur était de faciliter l'éducation d'un de ses parents, ou à leur défaut, d'un enfant de Bellac. Les derniers boursiers du collége de la Marche ont été Jean-Joseph de Gay de Nexon, Pierre Buisson des Lèzes, Victor et Pierre Génébrias-Goutepagnon, tous descendants de Martial Gallicher.

GENEBRIAS (Léonard), fils de Pierre, président à l'élection de Bellac en 1582, et de Pétronille Dégrange, était avocat.

Le 25 janvier 1591, la petite faction royaliste de son lieu natal, mécontente des consuls régulièrement nommés, parce qu'ils favorisaient la ligue, et prévoyant un siége, les remplaça par Pierre Genebrias, à son avis *seul capable de défendre la ville*. (termes de sa nomination).

Pour contenir les mécontents, que cet acte surexcitait, le nouveau consul dut faire des prodiges d'habileté. Il montra aussi un très-grand courage pendant les vingt-deux jours que les ligueurs passèrent à l'attaquer. Le vicomte de La Guierche l'en punit en rasant sa maison, en brûlant ses papiers, et en ravageant sa campagne du Maïard ; mais Henri IV récompensa par un certificat d'honneur et 10,000 fr. ce dévoûment à sa cause. Genebrias employa à réparer les brèches des murailles cette somme que le roi lui envoyait comme indemnité. Nous savons déjà que, afin de mieux montrer sa reconnaissance à ce serviteur généreux, le grand Henri passa deux jours dans la maison de l'ancien consul lors de son voyage à Limoges.

De Léonard Genebrias et de Catherine Poufineau naquirent : Jacques, mort au service capitaine de cavalerie, et Léonard, qui devint, en 1631, substitut du procureur du roi au siége de Bellac.

On trouve, en 1767, un Léonard Genebrias officier des écuries du roi.

Les familles Genebrias-Desbrosses, Génébrias-

Goutepagnon et Genebrias-Fredaigue descendent du consul.

Le consul Genebrias fit imprimer, en 1591, à Tours, chez Jamet Métayer, sous forme de lettre, le *Siége de la ville de Bellac non pris en* 1591, in-18 de 42 pages.

Guérin, appelé *Guérinus*, docteur en médecine, composa une excellente Pharmacopée. Il vivait en 1615. — Mallebay, *Plan,* etc. p. 123.

Jollivet (Jean), franciscain, composa, par ordre de Henri II, une géographie de la France qui ne fut pas imprimée. « Des plagiaires publièrent son travail en leur nom », dit La Croix du Maine.

Nadaud et Vitrac citent Jean Jollivet comme né à Limoges. D'après Mallebay, il est né à Bellac.

Jollivet (N.), de Bellac, parent peut-être de l'ingénieur-géographe de ce nom, en 1591, n'ayant encore que quinze ans, entra parmi les Jésuites.

Après avoir enseigné les humanités, il fut six ans professur de philosophie, deux ans de théologie morale, seize ans de scholastique, pendant quelque temps de polémique, dans les colléges de Limoges, Poitiers et Bordeaux. Célèbre par son érudition, il fut recteur de Saintes, Bordeaux, Périgueux,

Poitiers. Il mourut dans cette dernière ville âgé de quatre-vingts ans. Il avait été docteur de Paris et vicaire général de Tulle en 1661.

Il a donné au public :

1° *Actes de la conférence avec un ministre calviniste sur le très-saint sacrement de l'Eucharistie;*

2° *La fuite honteuse du ministre Pierre de Salettes.*

VITRAC, *inédit.*

(Communiqué par M. Auguste DuBoys, propriétaire des manuscrits du savant curé de St-Michel de Limoges.)

LUCHAPT, garde du corps, mort à l'armée de Condé, était de service au château de Versailles le 6 octobre 1789 : il contribua, par son dévoûment, à sauver les jours de la reine. On le cite avec honneur dans l'Histoire de la conjuration d'Orléans. Louis XVIII fit à sa veuve le plus gracieux accueil.

MALLEBAY DE LA MOTHE, né le 1er mars 1726, de Simon, procureur du roi à la vice-sénéchaussée de Bellac, et de Marie Jacquette Gallicher, devint conseiller et procureur du roi au siége de sa ville natale. Les deux ouvrages qu'il a laissés révèlent un homme d'un grand sens et de beaucoup d'érudition. Il voulut faire une œuvre *patriotique* en composant un livre intitulé *Plan pour servir à l'histoire du comté de la Marche;* nous avons beaucoup emprunté à ce travail, et nous avons pu nous apercevoir que plusieurs l'ont copié sans le citer.

L'ouvrage le plus important de Mallebay est un in-4° ayant pour titre : *Questions de droit, de jurisprudence et d'usage des provinces de droit écrit.* Il a eu l'honneur de cinq éditions : 1766, 1770, 1773, 1782, 1787.

L'auteur avait fait les corrections pour une édition nouvelle : la mort l'enleva en 1788.

MALLEVAUD (Jean de), d'abord Recollet, sous le nom de P. Chérubin, servit de coadjuteur à Joachim d'Estain, évêque de Clermont en Auvergne, avec le titre d'évêque d'Olonne. Ainsi que nous l'avons déjà dit, il fonda à Bellac une maison des sœurs de Rouen ; il bénit, le 24 août 1651, l'église des Recollets du Dorat. Le cardinal Grimaldi, archevêque d'Aix en Provence, l'avait appelé auprès de lui pour le charger de la visite de son diocèse : ce fut dans cette ville qu'il mourut, le 4 mai 1682, âgé de soixante-treize ans.

Un neveu de cet évêque fut lieutenant-général au Dorat en 1698. L'intendant de Limoges écrivait de lui au ministre : « Ce jeune homme a quelque esprit, mais trop de présomption pour devenir habile ».

PONCHARAUD (François de), né à Bellac, embrassa l'état ecclésiastique, devint prieur de Magnac en 1615, chanoine du Dorat en 1637. Il résigna sa prébende, quatre ans après (1641), en faveur de Guillaume Poncharaud.

Il a composé :

1° *De Laudibus sacerdotum.*

2° *Apologie pour ceux qui aident les curés dans les fonctions du sacré ministère :* 1638.

COLLIN, page 60.

Roy ou REYS, natif de Bellac, célèbre docteur en droit civil et canonique de l'université de Poitiers, y devint professeur en 1410. Il était le père d'un autre Roy ou Reys, qui, à trente ans, devint l'honneur et le flambeau de cette université, où il avait été nommé professeur, par le roi Charles VII, en 1431. L'un et l'autre de ces savants Limousins attirèrent un grand concours d'auditeurs à leurs leçons, et acquirent une grande réputation à l'école de droit de Poitiers.

Nous ne connaissons pas leurs ouvrages.

*Annales de la Haute-Vienne,* 1813, p. 277.

TOURNOIS (Jean-Baptiste), né, le 22 janvier 1806, de Christophe et de Françoise Luguet, fit de brillantes études chez les Jésuites de Montmorillon. Fils unique et riche, il vécut à Paris en homme de lettres. En 1831 il fit imprimer chez Jules Didot : *L'Amour, poème didactique, précédé de quelques observations sur la poésie française,* in-8° de 70 pages. Les vers sont bien tournés; mais la poésie manque complètement. Le préambule, qui est assez original, juge d'une manière fausse plusieurs de nos poètes.

Pour réhabiliter Philippe-Egalité il publia, en 1840, une *Histoire de Philippe d'Orléans et du parti d'Orléans dans ses rapports avec la révolution française*. Deux ans plus tard, il développa la même thèse en deux volumes in-8°. Il y a beaucoup de recherches, de la facilité, mais plus encore de déclamation. M. Tournois est mort à Bellac en 1848.

N'oublions pas l'avocat surnommé *Barroque*, qui émerveilla toute la contrée avec ses farces en vers qu'on appelait tragédies. — Voir p. 90.

Avant de nommer les députés, les curés et les principaux magistrats de Bellac, disons un mot de trois contemporains :

M. Arbellot, (Pierre), parti simple volontaire, est aujourd'hui officier de la Légion-d'Honneur et lieutenant-colonel des carabiniers. Les bulletins de l'armée d'Afrique ont souvent signalé à l'Europe le courage et l'habileté de cet intrépide capitaine de spahis. Il a reçu de sa ville natale un sabre d'honneur.

M. Elie Berton, professeur d'histoire au collége des Eudistes de Redon, vient de publier, sous forme de brochure, la préface d'un *Essai de synthèse d'histoire* en deux volumes in-8°. Ces pages, intitulées : *La vraie Fusion*, révèlent un incontestable talent : l'auteur y parle le langage philosophique dans une forme pleine de poésie. Seulement on est effrayé de voir M. Berton prendre, d'un premier élan, un vol si élevé. Le programme qu'il s'est tracé est tellement vaste, les questions qu'il veut résoudre sont tellement profondes que, s'il atteignait le but qu'il se propose, l'auteur, à peine âgé de trente ans, se placerait déjà à côté de Descartes, Leibnitz et Joseph de Maistre.

Le jeune concierge de l'hôtel-de-ville, Victor GOUJAUD, fait les vers avec une grande facilité, comme le prouvent les strophes qu'on va lire. Les journaux de Limoges ont reproduit déjà quelques-unes de ses poésies légères

## LE PRINTEMPS.

Le printemps ! le printemps !.. oh ! comme la Nature,
Naguère encor si triste, est riante au printemps !
Retrouvant, un matin, les fleurs et la verdure,
Le monde ne croit plus aux ruines du temps !

    Sentez-vous cette brise douce
    Que l'influence de Dieu pousse,
    Et qui, se jouant dans la mousse,
    Murmure : « O fleurs, réveillez-vous ! »
    Entendez-vous, de ce nuage,
    L'alouette, en son doux ramage,

Crier aux chantres du bocage :
« Petits frères, imitez-nous ! »
Voyez-vous ce Rayon qui dore,
Succédant à la pâle Aurore,
Là-haut ces monts où brille encore
La froide neige des hivers ?
Ce Rayon lui dit : « Passe, passe,
Dissipe-toi, tardive glace... »
Et soudain brillent à sa place
Gais papillons et gazons verts....

Oh ! comme bat le cœur, comme d'aise il palpite
Quand on frôle en passant la blanche marguerite
Qui domine déjà l'herbe molle des prés !
Qu'il est doux de revoir la belle primevère
Qui, le front mi-penché sur sa tige légère,
Nous sourit, nous embaume et s'endort à nos pieds !

C'est le tiède Zéphir qui le soir nous caresse;
C'est la joie épandue en notre ame qu'oppresse
Quelque sombre penser ; c'est le chant des oiseaux ;
C'est le chevreuil qui broute aux flancs de la montagne,
La brebis réjouie errant dans la campagne,
Le ciel bleu, la lumière et le calme des eaux....

C'est la vierge trois fois bénie,
La tendre et chaste Poésie,
Qui, pour aspirer l'ambroisie
Que Dieu verse du haut des cieux,
Vient encor, pauvre ame incomprise,
Sous les lilas touffus assise,
Rêver, ainsi que Ludovise,
Avec de doux pleurs à ses yeux ;
C'est l'humble et pieuse Pensée
Qui, se dilatant, moins pressée,
S'envole doucement bercée
Sur l'aile des anges du ciel ;

C'est le retour de l'Espérance,
L'hymne de la Reconnaissance
Célébrant la toute-puissance
Et les bienfaits de l'Eternel !

Le printemps ! le printemps !.. Oh ! comme la Nature,
Naguère encor si triste, est riante au printemps !
Retrouvant, un matin, les fleurs et la verdure,
Le monde ne croit plus aux ruines du temps !

CLAVEAU (Philippe) (1), châtelain de Guéret sous le commencement du roi François I*er*, qualifié par ses contemporains *jurisprudentia celebris, mathematicis, disciplinis egregie cultus*, composa des ouvrages de droit et de jurisprudence qui ne paroissent pas avoir été imprimés. Il mourut en 1547.

MALLEBAY, *Plan*, etc.

Liste des Députés élus ou nés à Bellac.

| | | | |
|---|---|---|---|
| MM. LACROIX et RIVAUD, | | *Convention*, | 1792. |
| CHÉRADE DE MONTBRON, | *Chambre des députés*, | | 1815. |
| GÉNÉBRIAS DE GOUTEPAGNON, | | — | 1821. |
| CHÉRADE DE MONTBRON, | | — | 1824. |
| .................................... | | | 1830. |
| REYNIER, | | — | 1833. |
| CHARREYRON aîné, | | — | 1836 |
| MAURAT-BALLANGE, | | — | 1839. |
| | | *Constituante*, | 1848. |
| LAFLEUR-LACLAUDURE, | | *Assemblée nationale*, | 1849. |

(1) Cet auteur a été omis à son rang.

### Sous-Préfets.

MM. De Juniat père et fils, conseillers au tribunal de Bellac, furent successivement délégués de l'intendant de Limoges avant 1789.

| | | |
|---|---|---|
| Badou, | jusqu'en | 1814. |
| Robinet de Plas, | — | 1830. |
| Badou, *ancien sous-préfet*, | — | 1832. |
| Berger (Victor), | — | 1838. |
| Méliot (Adolphe), | — | 1841. |
| Lautour-Mézeray, | — | 1843. |
| Sers, | — | 1844. |
| Lagarde, | — | 1847. |
| Charreyron (Charles), | — | 1848. |
| Pressac, quelques mois. | | |
| Guerguigne, | — | 1850. |
| Salvador. | | |

### Présidents du Tribunal.

| | | |
|---|---|---|
| MM. Feydeau (Léonard), lieutenant particulier, | | 1585. |
| Faulconnier (François), | — | 1675-82. |
| De Reymond, | — | 1696. |
| Faulconnier (Jean-César), | — | 1707. |
| Dauberoche, | président, | 1729-54. |
| De Verdilhac (Jean-Joseph), | — | 1759. |
| Genty de La Borderie, | — | 1783-89. |
| Mallebay du Moulinneuf, 1ᵉʳ juge du tribunal du district, | | 1790-96. |
| Genty de La Borderie, président du tribunal de 1ʳᵉ instance, | | 1804-12. |

MM. Lacroix, *ancien membre de la Convention*,
jusqu'en 1820.
Génébrias de Goutepagnon, jusqu'en 1826.
Laroche, — 1832.
Charreyron aîné, — 1843.
Loubignac, aîné, — 1847.
Miron.

### Maires.

MM. Barton, vicomte de Montbas (1), 1764.
Guyot du Dognon, 1783—84.
De Vaucourbeil, en 1790, 91 et 92.
Mallebay du Cluseau, en 1793 et 94.
Arbellot-Lagasne, pendant tout le règne de Napoléon.
Badou-Maubert, pendant les Cent-Jours.
Bonin de Grandmont, de 1815 à 1823.
Barbier de Blamont, jusqu'en 1830.
Lagorce (Paul), — 1839.
Charreyron, médecin, — 1847.
Genty-Laborderie, — 1850.
Brisset aîné.

Crouzaud de La Touche et Buisson-Masvergnier, consuls, 1783—84.

### Curés.

MM. Chambon, 1514.
Moulinier (Simon), depuis 1643.
Moulinier (Mathieu), — 1663.

(1) Cette famille a long-temps habité, à Bellac, en face de l'hospice, une maison ornée de deux tourelles, et qu'on appelle encore *le Château*.

MM. Moulinier (M.) depuis 1690.
    De la Coste, — 1707.
    De Nesmond, — 1712.
    Morichon, — 1724-42.
.................................................
    De Nesmond, — 1759-93.
    Dutheil, — 1804.
    Mérigot, — 1830.
    Boyer, — 1851.

Ces listes ne sont pas d'une exactitude bien rigoureuse, parce que nous avons dû recourir aux calendriers et aux annuaires.

# QUATRIÈME PARTIE.

## A.

XIIIᵉ SIECLE.

### CHAPITRE I.

Des chatellenies de Bellac, Rancon et Champagnac.

Ces trois chatellenies ont été autrefois l'ancien appanage d'un des fils puisnés des comtes de la Marche de la maison de Luzignen ; car Hugues Brun, XIᵉ du nom, comte de la Marche et d'Angouleme, sire de Luzignen, ayant épousé Isabelle Taillefer, fille heritiere d'Omer ou Aymar Taillefer, comte d'Angouleme, veuve de Jean-sans-Terre, roi d'Angleterre, d'eux issirent nombre d'enfans et filles, comme il a été dit au chapitre.... du livre..., au premier tome ; et, par leur testament de l'an 1242, qui se voit en la chambre des comptes de Paris, ils firent partage de tous leurs biens, donnant à Hugues Brun,..... du nom, leur fils aîné, les comtés de la Marche et d'Angouleme et la seigneurie de Luzignen, et à Guillaume, leur 4ᵉ fils, les chatellenies de Bellac, Rancon et Champagnac en la basse Marche, et Montignac et Valence en Poitou, dont il fut nommé de son appanage Guillaume de Valence, qui prit trait dans sa maison avec cette clause qu'a deffaut d'enfans les appanages des puisnés retourneroient et reviendroient à l'aîné ainsi qu'il arriva du depuis. Ces chatellenies, pendant qu'elles furent distraites et enervées de l'ancien comté et domaine de la basse Marche, faisoient une petite senechaussée particuliere, ainsi que les senechaussées de Magnac, de L'Isle-Jourdain, du château du Dorat et autres dans le pays, et se trouve que le sénéchal de Bellac, Rancon et Champagnac pour Marie de St-Paul, dame de Valence en l'an 1360, étoit Jean de Ravanel, duquel sont descendus les sieurs de La Riviere, de La Trimouille, qui sont à present ; nom que portoit aussi messire Robert de Ravanel, chevalier de l'ordre du roi, seigneur des Sablonnieres en Brie, mari de Philiberte de Chatillon, au récit d'André Duchesne, au livre VIII de l'Histoire de Chatillon, et du temps de Charles V, roi de France en l'an 1378. Gautier de Billy étoit gouverneur et senechal de ces trois chatellenies pour le sieur de La Riviere, et par outre etoit un juge particulier d'icelles audit temps, nommé Simon Chaud, scribe en la basse Marche.

Ces chatellenies, ainsi dites à cause des châteaux qui étoient en chacune d'icelles avec les jurisdictions de Darnac, de Touron à quatre lieues de Lymoges et du Deffends, ne sont pas de si peu d'étendüe qu'elles n'aient trente-une paroisses, scavoir : celle de Bellac, quatorze; celle de Rancon, sept; celle de Champagnac, dix, et composent le siége particulier de la basse Marche, suivant l'édit du roy Charles IX de...... 1572; auquel siége la chatellenie de Bellac est réunie, auquel les appellations des autres jurisdictions susdites ressortissent, se regissant toutes par le droit écrit au ressort du parlement de Paris, étant partie du diocese de Lymoges et de celui de Poitiers ; à la fin ont été englobées et reunies au comté de la basse Marche, comme elles en avoient été de grande ancienneté sous une seule senechaussée et senechal de robe courte sous un même gouvernement de la haute et basse Marche.

Elles n'étoient pas originairement du comté de la basse Marche ; car il se lit dans des fragments de l'Histoire d'Aquitaine de la bibliotheque de Pitou, rapporté aussi au corps des historiens d'André Duchesne et dans la Chronique d'Aymar de Chabanois, que Guillaume, duc de Guyenne, ayant quelques prétentions sur Bellac, fut assieger le château qu'il y avoit, assis sur la riviere de Vincon, et qu'il y mena devant le roi Robert ; mais, le château ayant été valureusement deffendu par Boson II du nom, comte de la Marche, qui le tenoit, et par Abbon, seigneur de Morthomar, le roi Robert et Guillaume duc de Guyenne furent contraints avec leur puissante armée de se retirer sans rien faire, duquel lieu aucuns nobles dans le pays se sont intitulés en la grande ancienneté ainsi que Guillaume et Gui de Bellac.

Quant à la chastellenie de Rancon, elle fut partie de la maison de Lezignen ou la Marche par Bourgogne de Rancon, femme d'Hugues Brun VIII du nom, sire de Lezignen, comte de la Marche, et se trouve qu'il y a eu dedans la Guyenne trois lieux appelés Rancon ; sçavoir : celui de la basse Marche à trois lieues du Dorat et à deux de Bellac ; Rancon ou Rancoigne près de la Rochefoucaud en Angoumois, dont il est fait mention par Hélie Vinet en ses Antiquités de Saintes, dans Corlieu en ses Comtes d'Angouleme, et par M. Besli en son Hist. des ducs de Guyenne, maison qui a produit de grands et excellents capitaines ; plus Rancon ou Randon en Auvergne, où Bertrand du Guesclin, tenant le château de Rancon assiégé à quatre lieues près du Puy en Auvergne, mourut de maladie, et le jour de son trepas ceux du château apporterent les clefs sur le corps dudit Guesclin le 13 juillet 1380, duquel parlent Froissard en son Histoire, Savaron en ses Origines de Clermont, l'Histoire de Bertrand du Guesclin, de Serres en son Inventaire, du Bouchet en la quatrieme partie des Annales d'Aquitaine.

Rancon en la basse Marche est un grand bourg sur la riviere de Gardampe où il y a eu autrefois un fort château qui fut détruit et brûlé par les Anglois sous le regne du roi Charles V, lequel a été la source et origine des autres; car anciennement les branches qui sortoient de grandes maisons portoient certaines marques et intersignes des autres, comme conjuges ainsi que parlent les rhethoriciens, ou par inflection du génitif des grammairiens, ou autrement comme il est rapporté en la préface de l'Histoire des Chataigners *(par André Duchesne)*.

De cette seigneurie issit Aimeric de Rancon, lequel fut témoin à la donation faite par Gilles de Crosant, issu d'un puisné des comtes de la Marche, de la ville de La Souterraine à l'église de St-Martial de Limoges. Il eut pour enfens Geoffroi, Géral et Pierre de Rancon. De Geoffroi issit Guy de Rancon, qui donna à l'abbaye de Grandmont en la haute Marche tout ce qui lui appartenoit au territoire de Vaugelade. Guy eut pour fils Barthelmi de Rancon, qui donna Le Mas-des-Saigues à cette même abbaye l'an 1233. Son frere Guillaume de Rancon lui donna Le Mas-des-Conches l'an 1234.

De Geoffroy de Rancon I du nom sortit autre Geoffroy de Rancon II du nom, qui fit le voyage de la Terre-Sainte l'an 1146 au récit de Guillaume, archevêque de Tyr.

La terre et seigneurie de Villefavarde appartenoit autrefois à la maison de Rancon, et fut l'appanage d'un puisné, et a été tenüe et possédée par plusieurs portant le nom de Rancon, entre autres par Imbert de Rancon, chevalier seigneur de Villefavarde, vivant l'an 1386, et Jean de Rancon, vivant l'an 1401.

Il se justifie par charte de l'abbaye de St-Cyprien de Poitiers qu'Aimeri de Rancon, Geoffroi et Robert, ses freres, et Burgonde, leur mere, donnerent à icelle abbaye de St-Cyprien le droit de patronage des églises paroissiales de St-Secondin et de St-Maurice de Gençay, et de St-Martin de Chisay à Poitiers, l'an 1121. Il est parlé de cet Aimeri de Rancon dans le Cartulaire de St-Jean d'Angeri sous l'an 1030 et 1048.

Cet Aimeri de Rancon, issu de la maison de Rancogne près de La Rochefoucaud, prenant l'occasion de Guillaume II, son seigneur suzerain, fit bâtir un fort sur la frontiere de Saintonge, prez de Taillebourg, nonobstant qu'avant le depart de Guillaume, il eût donné serment de ne non entreprendre au préjudice de son service. Geoffroy premier, fils puisné du comte d'Angouleme, l'ayant rencontré, le tua, et le pere, qui étoit allé à Rome, a son retour, assiégea la place, et l'ayant prise la ruina, puis la reedifia de rechef. Aymeri eut pour fils autre Aimeri II du nom, lequel, dans la Chronique man. des évêques d'Angouleme, dit que son pere Aimeri avait été malheureusement tué, et appelle sa mere Bourgoigne. Il eut pour freres Geoffroy et Robert de Rancon dont il est parlé par charte de l'évêché de Poitiers de l'an 1121.

Ce Geoffroi eut pour fils autre Geoffroi, vivant l'an 1148 sous le regne de Louis VII. Cet Aimeri de Rancon, premier du nom, dit Maltué, eut pour fils Aimeri II, dit le Bien-Heureux, Geoffroy et Robert de Rancon, et une fille, nommée Eustache, qui fut mariée avec Bouchard, sieur de L'Isle-Bouchard.

D'Aimeri II dit le Bien-Heureux sortit une fille nommée Bourgogne de Rancon, qui fut femme d'Hugues VIII du nom, sire de Lezignen et comte de la Marche.

De Geoffroy ou Godefroy, seigneur de Rancon, dit le Vieux, vivant l'an 1230, sortit Geoffroy le Jeune, sieur de Rancon, vivant l'an 1248, lequel eut le bail des enfans de Guillaume sire de Partenay. Ce Geoffroy II, sieur de Rancon, mourut sans enfans ; il eut pour sœur Berthe de Rancon, qui fut femme de Guillaume de Maengo IV du nom, sire de Surgeres et de Dampierre, vivant l'an 1199, dont sortirent trois fils ; scavoir : Guillaume Maengo V du nom, Hugues et Guillaume. Hugues fut vicomte de Chatellerault par la faveur du roi Philippe-Auguste, qui fit épouser l'héritiere de cette vicomté.

Pour ce qui est de la chatellenie de Champagnac, elle a été démembrée de la baronnie de Montrocher, principalement en ce qui dépend de la chatellenie et paroisse d'Arnac en la basse Marche, appartenant à la maison noble de La Côte-au-Chat, dont est messire seigneur Pierre de Lezay, seigneur de Marits et Courbe-Espine, descendu par divers degrés d'un puisné de la maison de Lezignen.

Auquel lieu de Champagnac il se trouve y avoir eu autrefois un château fort au possible appartenant au comte de la Marche, lequel Pierre de Bourbon, comte de Clermont et de la Marche, bailla, le 11 juillet 1484, en garde à Jean de La Lande, sieur de Bussiere-Poitevine, et, à cette fin, lui octroya l'office de capitaine de la place, châtel et forteresse de Champagnac, dont il fut mis en possession par Gautier des Cars, senechal de la Marche ; mais ce château a été ruiné du depuis. Il y en avoit un autre auparavant qui fut détruit et brûlé par les Anglois, ensemble un beau et grand bourg qu'il y avoit aussi selon une chronique de Limosin. De present le lieu de Champagnac est un grand village où il y a un château appartenant à un seigneur particulier auprez des masures du château du comte de la Marche, duquel aucune chose n'est demeurée, fors une chapelle à l'honneur de saint Blaise.

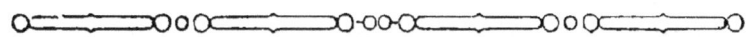

## CHAPITRE II.

De qui ont relevé les chatellenies de Bellac, Rancon et Champagnac.

Aymard de Valence, seigneur de Bellac, avoua tenir la chatellenie et le château de Bellac en hommage-lige de l'abbesse de Notre-Dame de la Regle de Limoges, sous le ressort, obéissance et sujettion des comtes de la Marche, environ l'an 1299.

Incontinent que Jean de Bourbon, comte de la Marche, de Vendome et de Castres, se fut rendu seigneur des terres de Bellac, Rancon et Champagnac, il envoya Jean d'Estouville, son chambellan, pour faire hommage et service de feauté à la dame abbesse de la Regle de Limoges des seigneuries de Bellac et Champagnac, au mois de novembre l'an 1386, lequel hommage, avec un besan d'or, fut reçu par deux religieuses, parce que l'abbesse n'étoit que nouvellement élüe, et non encore confirmée. Louis, comte palatin du Rhin, duc de Baviere, comme ayant bail, gouvernement, garde et administration de Louis, son fils, seigneur des villes et seigneuries du Dorat, Charroux, St-Germain, Calaix, Bellac, Rancon et Champagnac, octroya ses lettres de mandement et commission du 24 avril 1409 à Perrot

Guyot, son gouverneur en icelles terres, pour entrer en foy et hommage, et faire serment de feauté, pour Bellac et Champagnac, à l'abbesse de Notre-Dame de la Regle de Limoges.

Jacques d'Armagnac, duc de Nemours, comte de la Marche, de Pardiac et de Castres, vicomte de Carlat et de Murat, seigneur de Montagu en Combraille, de Bellac, Rancon et Champagnac en la basse Marche, pour liberer les seigneuries de Bellac et Champagnac de la saisie faite d'icelles à la requeste de la dame de Comborost, abbesse de la Regle de Limoges, à faute d'hommage non rendu, lui envoya Pierre Barton, chevalier seigneur de Montbas, avec procuration pour lui rendre, en son nom, l'hommage, qui fut refusé par elle, soutenant qu'il n'étoit recevable à le rendre par procureur ; mais ce prince, lui ayant fait scavoir qu'il étoit pressé d'aller faire promptement un voyage pour le service du roi, à ce sujet la prioit de ne l'obliger d'aller pardevant elle. Icelle lui envoya le sieur de Pompadour, son neveu, et le sieur Disnematin, lieutenant-général de Limoges, qui recurent son hommage, rendu par sa propre personne, étant assisté de Jean Barton, son chancelier, dont les formes et ceremonies furent que ce seigneur rendit le baiser les mains jointes, nüe tête et sans chapeau, et, par reverence, fut dispensé de se mettre à genoux, et de quitter la ceinture, au mois d'août de l'an 1452, suivant les titres et memoriaux de cette abbaye.

Jean de St-Aulere, gentilhomme du bas Limousin, le onzieme jour de juillet l'an 1506, rendit l'hommage desdites seigneuries de Bellac et Champagnac à Françoise Beaupoil, abbesse de la Regle de Limoges, pour et au nom de dame Anne de France, duchesse de Bourbonnois et d'Auvergne, comtesse de Clermont, de Forest et de la Marche, au devoir d'un talent d'or ou besan à mutation de personnes.

Du depuis, ces chatellenies de Bellac, Rancon et Champagnac ayant été réunies à la comté de la basse Marche, qui auroit été reunie au domaine de la couronne de France, elles sont demeurées, par ce moyen, exemptes de rendre plus aucune foi et hommage à cette dame abbesse de la Regle de Limoges et à tout autre seigneur ; car le roi n'est sujet à la foi et hommage pour les choses mouvantes d'autre seigneur qui retournent à la couronne, au récit du président Le Maitre au *Traité des hommages des vassaux*, de René Chopin, en son *Domaine*, et de L'Humeau, au livre premier des *Maximes générales du droit*, chap. XX ; de Bouchet, au tom. II de la *Bibliotheque*, ce que, paravant eux, avoient traité le Spéculateur et Décien, au titre *des Fiefs*, au § *Quoniam*, question 24, *des Hommages de fidélité*. Quelques autres docteurs ont traité cela sur le chapitre *Querit de conservatione*, distinction 4.

## CHAPITRE III.

**Guillaume de Valence, seigneur de Bellac, Rancon et Champagnac.**

Il fut quatre fils d'Hugues Brun XI du nom, comte de la Marche et d'Angouleme, et d'Isabelle Taillefer, fille heritiere d'Omer ou Aimar Taillefer, comte d'Angouleme, veuve de Jean-sans-Terre, roi d'Angleterre, par le testament de sesdits pere et mere de l'an 1242 ; il eut pour son partage les chatellenies de Bellac, Rancon et Champagnac en la basse Marche, Montignac et Valence en Poitou, dont il fut nommé de son appanage Guillaume de Valence, comme il se voit es arrêts du parlement de Paris de la Chandeleur 1254 et 1258, dans Bouchet en sa *Bibliotheque*, ce qui prit trait dans sa maison, avec cette clause qu'à deffaut d'enfans cet appanage reviendroit à l'aîné. Cette forme et fasson dura long-temps, tellement que les familles étoient connües par l'écu et armoirie par laquelle, si elle étoit lors entreprise, il y avoit contredit par armes ou procez. Ainsi ceux de Valence issus de la maison de Lezignen portent en leurs armes de Lezignen, qui est burellé de dix pieces d'argent, et chargerent les burelles d'azur de dix merlettes de gueulles au recit de Duchesne en l'*Hist. de Chatillon*.

En l'an 1258, selon Polidore Vergile, ou 1247 selon Mathieu Paris, Guillaume de Valence, avec ses freres Guy de Lezignen, seigneur de Coignac, Merpin et Archiac, Geoffroi de Lezignen, sieur de Jarnac, de Châteauneuf, de Chatelacher et de Boispoivreau, et Aymar de Lezignen, sieur de Couhé en Poitou, et leur sœur Louise furent en Angleterre voir leur frere utérin, le roi Henri III, qui les reçut avec grand acueil et faveur auprez de lui, ainsi que recite Polidore Vergile au liv. XVI de l'Histoire d'Angleterre; tot après il fit Aymar, qui étoit initié es ordres sacrés, evêque de Winchestre en Angleterre; mais, selon Mathieu Paris, Aymar fut pourvu premierement de l'evêché du Nelme, bien que les religieux du lieu fissent difficulté de l'accepter pour leur pasteur à cause de son jeune âge, dont ils firent quelques remontrances au roi, qui leur répondit qu'il falloit que cela fust, et lui donna une infinité de biens et de richesses. Il se trouva en diverses guerres et batailles en Angleterre avec ses freres pour le service du roi Henri III, son frere utérin, ainsi qu'on lit dans Mathieu Paris, Polidore Vergile, et dans Duchesne, en l'*Histoire d'Angleterre*. Le même Mathieu Paris, en son *Histoire d'Angleterre*, dit qu'en l'an 1247 Henri III, ayant attiré à soi Guillaume de Valence, lui donna solennellement l'ordre de chevalerie, le fit seigneur de Weshford, et du depuis le maria avec Jeanne de Montchensey, fille héritiere de Guérin de Montchensey, baron d'Angleterre, et d'une fille de Guillaume Marechal, comte de Penbroc, à cause de quoi il fut aussi par aprez comte de Penbroc. Alix ou Alouyse épousa Jean, comte de Varenne, jeune adolescent. Les princes anglois, envieux de la prospérité des freres du roi, ne demeurerent gueres sans se plaindre de douleur de ce que ces étrangers étoient élevés aux charges plus relevées du royaume, qui fut cause, selon Polidore Vergile, que nos princes marchois, avec tous les gentilshommes de Poitou et de la Marche qui les avoient suivis, furent contraints de s'en retourner en France. Mais Duchesne, en l'*Histoire d'Angleterre*, liv. XIII, dit que ce différend arriva de ce que Aymar, élu evêque de Winchestre, et Guillaume de Valence, freres utérins du roi, et Pierre de Savoye, oncle de la reine, traitoient incivilement tant les ecclesiastiques que séculiers; qu'à ce sujet Simon de Montfort, comte de Leicestre, Richard de Clarence, comte de Glocestre, et plusieurs gentilshommes leurs adhérents, s'assemblerent incontinent aprez dedans Oxford, suffisamment équipés d'armes et de chevaux, en intention de mourir pour la paix de leur patrie, ou de chasser les perturbateurs de son repos hors d'icelle; qu'Aymar, élu évêque de Winchestre, Guillaume de Valence et les autres étrangers s'y trouverent aussi, suivis de quelques gens de guerre; mais, comme ils aperçurent que les seigneurs susdits vouloient non-seulement les faire venir en jugement pour repondre aux accusations et reproches dont ils étoient déférés, mais aussi les contraindre à jurer avec eux d'observer dorénavant les ordonnances qu'ils avoient faites quelque temps auparavant pour l'utilité du royaume, se voyant inégaux pour résister à leur puissance, et craignant d'ailleurs les impitoyables effets de la justice, ils s'enfuirent de nuit au château de Wlnesey jusque ou leurs adversaires les poursuivirent et pressèrent de si prez par le dehors que force leur fut de rendre la place, et d'accepter la condition de sortir hors d'Angleterre.

Ce qui fâcha tant le roi d'Angleterre, qui ne vouloit adhérer à leurs conseils, et craignoit d'éprouver quelques traits de leur résolution, s'enferma dans la tour de Londres avec la reine, en faisant fortifier les murs de la ville, prit le serment de tous ceux du dedans depuis l'âge de douze ans de lui garder une ferme et inviolable fidélité; quelque temps aprez néantmoins il en sortit hardiment, et s'achemina vers la citadelle de Douvres, où il fut reçu avec joie de tous les citoyens. Lors Roger de Mortemer, affectionné au service du roi, s'éleva contre Simon, comte de Montfort, et fit de grands dégats par toutes ses terres et possessions, dont le comte averti fit alliance et ligue avec Leolin ou Levulin, prince de Galles, lequel, avec leur puissante armée, pilla, saccagea et brûla pareillement les terres de Roger. Le roi Henri, partant de Londres, fut prendre le château de Kynston, appartenant au comte de Glocestre, de là s'achemina vers la ville de Rochestre, où il mit en déroute tous ceux qui étoient demeurés pour continuer le siege; il entra par aprez au château de Cunbridge, et trouva dedans la comtesse de Glocestre, à laquelle il permit de se retirer; puis, passant à Winchelesay, il se rendit finalement à Leuves, où il fut reçu dedans, et à la priere de son fils, au château.

Pendant qu'il demeura là, les barons envoyerent vers lui les évêques Henri de Londres, de Gaulter, de Vorchester, afin de traiter une nouvelle paix, et firent offres à Sa Majesté de la somme de trente mille livres pour reparation des dommages et degats qu'ils avoient faits par le royaume, sauves en toutes choses les ordonnances et status d'Oxford. Mais Richard, roi d'Allemagne, qui ne vouloit ouïr parler d'accord, indigné principallement de ce qu'ils s'étoient élevés contre lui, et avoient pillé et saccagé ses biens, empêcha le roi son frere d'entendre à leurs propositions, et résolurent tous ensemble de les avoir par la force des armes. Ainsi les évêques s'en retournerent sans effet, et les barons anglois, conduits par le comte de Montfort, se mirent aux champs, dont le roi averti commença à marcher contre eux les enseignes déployées. Son armée étoit departie en trois bataillons, l'un desquels avoit pour chefs et conducteurs Eduuart fils aîné, notre Guillaume de Valence, comte de Pembroc, Jean de Warenne, comte de Suthry et de Suthsex, son beau-frere, mari de Louise de la Marche et Lezignen, sœur de Guillaume de Valence; le deuxième, le roi d'Allemagne avec son fils Henri, et le troisieme, le roi même en personne.

Du premier abord Eduuart, fils d'Henri, assaillit les citoyens de Londres avec tant d'impetuosité qu'il en occit soixante, et contraignit le reste de tourner le dos, les poursuivant à plus de quatre milles du champ; mais cependant le roi dénué de peuple fut attaqué furieusement. Le combat fut âpre. Guillaume de Valence, Guy de Lezignen et Jean, comte de Varenne, leur beau-frere, et Hugues Bigot, y furent en grand danger; les autres,

considérant l'ardeur et cruauté des barons anglois, se
sauverent à la fuite jusqu'à trois cents cuirasses. Richard,
roi d'Allemagne, avec autres, demeura prisonnier. Le
roi Henri, voyant son cheval tué dessous lui, se rendit
au comte Simon de Montfort ou Leicestre avec plusieurs
autres seigneurs anglois.

Le comte Simon, ayant mis Richard, roi d'Allemagne,
en prison dedans la tour de Londres, et Eduuart et
Henri, fils des deux rois, en la cité de Douvres, il retint
seulement le roi d'Angleterre avec soi, lequel néantmoins fut toujours honorablement et royalement reçu
partout où il passa, le comte même lui rendant toute
sorte de respect et de reverence. Mais il y eut au même
temps plusieurs nobles et vaillants chevaliers ; à sçavoir :
Roger de Mortemer, Jacques Dandely et autres, qui,
indignés de voir le roi et son fils ainsi traités, s'éleverent
unanimement contre le comte Simon, ce qui ne leur
succeda pas trop heureusement ; car le comte, joignant
lors ses forces et celles de Leolin, prince de Galles, afin
de leur tenir mieux et plus hardiment tête, s'empara
premierement du château d'Hereford, où il fit transporter
Eduuart de Douvres, et prit autres places, entra hosti-
lement dans celles de Roger de Mortemer.

Cependant le pape Urbain, ayant compassion des
troubles d'Angleterre, y envoya l'évêque Sabin, cardinal,
légat du siége apostolique, lequel, ne pouvant entrer
dedans à cause des vaisseaux des cinq ports qui commandoient toute la côte, appela quelques évêques anglois
vers soy premierement dedans Amiens, puis à Boulogne,
auxquels il commit la sentence d'excommunication et
d'interdit fulminée par l'autorité du pape contre la ville
de Londres, les cinq ports et generalement tous ceux
qui troubloient la paix et le repos du roi d'Angleterre,

afin de les executer et publier, ce que toutefois ils dissimulerent, et le comte de Leicestre, non content de tenir le roi captif, ne laissa de poursuivre son entreprise jusqu'à ce qu'il eut enfin soumis toutes les forteresses et places plus importantes du royaume à son obeissance. Lors il commença à disposer entierement de tout l'Etat, et se vendiquer à lui seul les revenus et biens de la couronne, les rançons des captifs et les autres profits et commodités qui se devoient egallement diviser et partager entre tous ses adherans, suivant la forme et convention de leur société; ce qui fut cause d'une grande discorde entre lui et Gilbert, comte de Glocestre, lequel, en vengeance de ce, rappela Jean de Warenne, comte de Sussex et de Suthry, et Guillaume de Valence, comte de Pembroc, qui s'étoient retirés par mer dans les parties occidentales du pays de Galles, et fit alliance et confederation avec eux, et rentrerent incontinent aprez dans leur premiere et bonne intelligence. Pour lors le prince Eduuart, s'exerçant au même temps dans les prés voisins d'Hereford par leur consentement et permission, sçut si bien menager l'opportunité qu'il trouva moyen de monter sur un cheval, qu'il passa la riviere de Wey avec deux chevaliers et quatre ecuyers, et se sauva dans le château de Wigmor.

Se voyant ainsi delivré de prison, il assembla promptement une puissante armée, avec laquelle il alla au devant du comte Simon, qui s'étoit à son grand malheur arrêté dans Evastham, car il l'attaqua si vivement que, par un sinistre revers de fortune, Simon perdit la bataille, demeura mort sur la place, ensemble nombre de chevaliers bannerets et grand nombre de gentilshommes et autres, au moyen de quoi le parti des barons fut quasi anéanti, le roi remis en sa puissance royale.

Quelque temps aprez, Guillaume de Valence repassa en la comté de la basse Marche l'an 1280, mais, quelque temps aprez, étant retourné en Angleterre, y mourut l'an 1304, ou, selon Duchesne en l'*Histoire d'Angleterre*, l'an 1283, sous le regne d'Edouard, roi d'Angleterre, son neveu. Son corps gist dans l'eglise royale de Westminster, prez de Londres, dans la seconde chapelle à côté du chœur, à main droite, où y a un tableau fort ancien d'icelui Guillaume de Valence, de la maison de Lezignen, comte de Pembroc, où s'y voit encores de present son tombeau, qui n'est que de pierre élevée environ trois pieds et demi, couvert d'une lame d'airin par dessus. Sur ce tombeau est l'effigie dudit Guillaume, couché tout de son long, tenant sur lui un grand écu long d'environ deux pieds et demi, dans lequel sont gravées les armes de la maison de Lezignen.

Tout le dessus de ce tombeau que l'effigie ne cache pas, demeurant à découvert, est rempli de petites losanges d'environ deux pouces de largeur, dans lesquelles alternativement sont representées, avec leurs blasons, les armes d'Angleterre de trois léopards d'or au champ de gueules, et celles de Lezignen, de burelles d'argent et d'azur de plusieurs pieces chargées d'un orle de merlette de gueules.

Son épitaphe est écrite en vieille lettre, fort difficile à lire, sur une feuille de cuivre. Ce qui se peut lire de present porte, selon la curiosité que j'ai eue de l'avoir de Londres :

Anglia tota dolet, moritur quia regia proles,
Qua florere solet, quem continet infima moles.
Guilelmus nomen insigne, Valentia præbet
Celsum nomen insigne, nam tuta dari sibi debet

> Qui voluit placidus vincens virtute valore
> Et placuit placidus, sensus mirumque vigore
> Nupsilis ad aras.

Il laissa de Jeanne, son épouse, trois fils et trois filles, selon Guillaume Cambden, historien anglois, à sçavoir : Guillaume de Valence II du nom; Aymar de Valence; Jean de Valence, mort sans hoirs, inhumé dans la même eglise que son pere, duquel fait mention le sire de Joinville, qui dit qu'il fut en Egypte contre les infideles, dont il ramena bien quarante chevaliers de la cour de Champagne qu'il reconnut fort mal atournés; Marguerite de Valence, trépassée en bas âge; Elisabet de Valence, mariée à Jean, seigneur de Hastings, chevalier anglois, dont issirent quelques enfants, et Agnes de Valence, mariée avec Jean Davesne, fils de Baudouin Davesne, seigneur de Beaumont en Haynaud, et de Felicitas de Couci.

Aprez le decez de Guillaume de Valence, sa veuve vint en la basse Marche et à Bellac, où elle fit bâtir un moulin sur la riviere de Vincon, appelé le moulin de Valence.

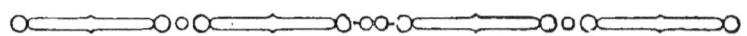

## CHAPITRE IV.

### Guillaume de Valence le Jeune, seigneur de Bellac, Rancon et Champagnac.

Ce seigneur eut, des le vivant de Guillaume de Valence, son pere, la baronnie de Montignac, qu'il reconnut en sa présence, de son consentement et de Jean son frere, tenir hommagement de Guillaume, evêque d'Angouleme, en l'an 1276, selon Corlieu, en son *Histoire des comtes d'Angouleme*. Quelque temps aprez il posseda aussi les seigneuries de Bellac, Rancon et

Champagnac, ou il acquit un dixieme, qui fut nommé de son nom; il vivoit es années 1280 et 1299. Cetui Guillaume mourut sans enfans environ l'an 1299, et fut enterré en l'eglise de Valence prez de Couhé en Poitou. Ce fut lui qui fit construire la fontaine de Bellac, lieu qui étoit pour lors habité par des Juifs qui demeuroient en la rüe qui s'appelle encore la rüe Juive, qui est celle que l'on rencontre ainsi que l'on arrive du Dorat, et étoit pour lors ledit lieu de Bellac que seulement une bourgade habitée de peu de gents, fors desdits juifs, que nos comtes de la Marche avoient permis d'habiter audit lieu, desquels ils tiroient de grands tributs et subsides comme il sera dit ailleurs; et anciennement, audit lieu de Bellac, il n'y avoit ni bourg ni rien que seulement un château appartenant à nos comtes de la Marche, sous le regne des rois Hugues-Capet et Robert, son fils.

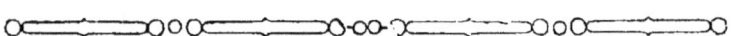

## CHAPITRE V.

### Aymar de Valence, sieur de Bellac, Rancon et Champagnac.

Il fut second fils de Guillaume de Valence premier du nom, et lui succéda en la comté de Pembroc, terres de Weshford, de Valence, de Montignac en Angoumois, de Bellac, Rancon et Champagnac, et de Ste-Geme prez Paris. Il fut établi par son cousin Edouard 1er du nom, roi d'Angleterre, vice-roi d'Ecosse, et employé en plusieurs grandes affaires. En premieres noces il épousa, selon Duchesne, au livre VI de l'*Histoire de Châtillon* et en celle *de Dreux*, N. de Nesle, fille de Raoul de Clermont, seigneur de Nesle, connetable de France, et d'Alix de Dreux, vicomtesse de Châteaudun, belle-sœur de Guillaume, comte de Flandres, au récit de Choppin, livre III, titre VI, du Domaine, de laquelle étant veuf il se remaria avec Marie de Chatillon, sa proche parente, fille de Guy de Chatillon, comte de St-Paul, et de Marie de Bretagne, tante de Philippe-le-Bel, roi de France, au mois de février de l'an 1320, par lettres de dispense octroyées par le pape Jean, et se voit que le roi Philippe-le-Bel octroya ses lettres à Paris, au mois de février l'an 1320, contenant le traité du mariage fait par ledit seigneur entre icelui Aymar de Valence, chevalier comte de Pembroc, et damoiselle Marie, fille de madame Marie, comtesse de St-Paul, tante dudit roi Philippe. Furent sous plusieurs charges et assignations de rente, et autres charges apposées audit contrat, et que Edouard roi d'Angleterre, par autres lettres données à Glocestre le 12e jour d'avril, le 14e de son regne, consentit l'assignation du douaire de deux mille livres de rente que notre Aymar de Valence, comte de Pembroc, en traitant le mariage d'entre lui et Marie, fille de Guy de Chatillon, comte de St-Paul, avoit fait à ladite Marie sur ses terres d'Angleterre, ainsi qu'il est rapporté dans l'Inventaire des titres de La Serre, dans Duchesne, aux Preuves de l'*histoire de la maison de Chatillon*; mais, comme les mariages d'entre les proches et consanguins sont peu heureux et ne prosperent gueres, ainsi que fait voir saint Ambroise, ce que confirme Geoffroy de Vigeois en sa Chronique, Aymar de Valence n'eut d'elle aucuns enfans non plus que de la premiere.

Edouard, roi d'Angleterre, donna pouvoir à cet Aymar de Valence de traiter et convenir avec le roi Philippe-le-Bel du jour et lieu de leur entrevüe par lettre du

14 fevrier et du 6 de son regne, et Aymar donna sa promesse au roi Philippe que le roi Edouard seroit à Amiens cinq semaines aprez Pâques pour cette entrevüe, le 14 mars 1312, ainsi que recite du Tillet au *Recueil des traités d'entre les rois de France et d'Angleterre*. Du depuis il traita la paix d'entre les deux rois, et le mariage d'Isabeau de France avec Edouard, prince de Galles, dit le même auteur. Il eut plusieurs procez au parlement contre les abbé, chanoines et chapitre du Dorat pour raison de certaines terres es droits par eux pretendus dans l'étendüe des susdites trois chatellenies de Bellac, Rancon et Champagnac, qui se terminerent enfin par arbitrage, par lequel ils furent maintenus en leurs droits dedans Bellac, comme aussi il traita avec Guillaume, evêque d'Angoulême, l'an 1299.

Par le decez de Guy de Lesignen, il prétendit les comtés de la Marche, d'Angoulême, de la seigneurie de Lezignen, comme plus proche héritier masle, au recit d'Etienne de Cypre, en son Histoire; il eut differend pour ses seigneuries contre Marie de la Marche, comtesse de Sancerre, veuve d'Etienne, comte de Sancerre, contre Yolande de la Marche, femme de Reynaud de Pons, Jeanne d'Albret, la dame de Bergerac agissant pour son fils, et messire Dreux de Mello, disant ledit Aymar qu'il étoit fils de Guillaume de Valence, issu de masle en masle; que le comté de la Marche étoit un fief, et que les femmes étoient exclues par le droit des fiefs de tel droit, principalement au pays de la Marche, où jamais les femmes ne succedoient aux fiefs tant qu'il y avoit des enfants mâles vivants; que c'étoit la loi de la famille de la maison du comte de la Marche. Mais enfin il en prit récompense par contract de transaction du 24 novembre 1308, ou, comme il est rapporté par les seigneurs de Ste-Marthe, au livre VII de leur Histoire, chap. IV, sous Philippe-le-Bel, en la seconde impression, transporta son droit audit roi qu'il avoit en la comté de la Marche et autres seigneuries, comme issu de la maison de Lezignen, pour cent livres de rente et mille livres en argent, par autres lettres du 17 février 1308. Quelque temps aprez, ce comte de Pembroc seigneur de Bellac, Rancon et Champagnac en la basse Marche mourut; il fut inhumé en l'église de Westminster en Angleterre, auquel succeda Laurent de Hastings, petit-fils d'Elisabeth de Valence, sa sœur, en la comté de Pembroc, seigneurie de Weshford, et autres terres, de la plupart desquelles Marie de St-Paul, sa veuve, jouit pendant sa vie. De ce Laurent descendit Jean de Hastings, son fils, comte de Pembroc.

Walsingham fait mention d'une jouxte et tournois fait sous Richard II, roi d'Angleterre, ou Jean d'Hastings, comte de Pembroc, fut tué par Jean de St-Jean, et dit, par une particuliere remarque de cette maison, que, depuis le susdit Aymar de Valence jusqu'à lui, nul comte de Pembroc ne voit jamais son pere, ni le pere son fils; ce qu'il semble remarquer comme une punition et vengeance de la justice divine, d'autant que cet Aymar de Valence avoit été l'un des conseillers et juges lesquels avoient conclu de decreter la mort de Thomas, comte de Lenclastre, tenu depuis pour saint en Angleterre, et canonisé cette année même par le pape; il écrit aussi que ce Jean, duc de Lenclastre, fut incontinent aprez créé duc d'Aquitaine par la verge et le bonnet, lesquels il reçut de la main du roi Richard environ l'an 1380, ce qui est aussi recité par Duchesne en l'*Histoire d'Angleterre*.

## CHAPITRE VI.

Marie de Chatillon, autrement de St-Paul, comtesse de Pembroc, dame de Valence, Bellac, Rancon et Champagnac.

Cette dame, aprez le deces d'Aymar de Valence, son époux, posséda les susdites seigneuries de Bellac, Rancon et Champagnac, dont elle jouissoit encore en l'an 1360, ayant apporté en mariage cinq cents livres de rentes sur le temple avec les terres de Tours en Vimeu, de Chieuze, d'Orreuille (ou d'Orrville) et de Trecans, en l'an 1331, le lundi avant la fête de Toussaint, à Monngnhac en Angleterre; elle fit don de quelques bois esdites chatellenies de la basse Marche à Pierre de La Vault. Elle fonda un college, l'an 1343, en l'université de Cambridge, appelé la salle de Pembroc, ainsi que rapporte Guillaume Campden en son *Histoire d'Angleterre*. Du depuis elle vint en France, où elle intenta plusieurs procez qui demeurerent indéfinis; mais s'étant, quelques années aprez, retournée en Angleterre, cela fut cause que les terres de Bellac, Rancon et Champagnac en la basse Marche furent confisquées en l'an 1372, parce qu'elle demeuroit avec les ennemis de la France, comme il se voit par lettres scellées de cire jaune, signées Horie, datées du 15 janvier 1372, par lesquelles le roi reçut en foi et hommage le duc de Bourbon desdites terres de Bellac, Rancon et Champagnac, et de toutes autres terres que tenoit de ce royaume Marie de St-Paul, dame de

Valence, comtesse de Pembroc, demeurant avec les ennemis en Angleterre, lesquelles le roi avoit données audit seigneur ainsi qu'il est rapporté par du Tillet en l'inventaire de Bourbon, liasses 17 et 68. Elle portoit, comme le comte Guy de Châtillon IIIe du nom, comte de St-Paul, de gueules à trois pals de vair au chef d'or, chargé d'un lambel d'azur de cinq pieces pour brisure.

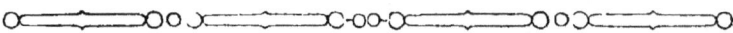

## CHAPITRE VII.

**Louis II du nom, duc de Bourbon, comte de Clermont, de Forêts et de Chateau-Chinon, seigneur de Beaujeu et de Dombes, pair et grand-chambrier de France, seigneur de Bellac, Rancon et Champagnac, surnommé le Bon.**

Ce prince fut fils unique de Pierre Ier, duc de Bourbon, comte de la Marche, et d'Isabelle de Valois, derniere fille de Charles de France, comte de Valois, et de Mahaud de St-Paul, sa troisieme femme et sœur du roi Philippe de Valois. Etant de retour d'Angleterre, où il avoit été en hotage, suivant le traité de Bretigni, pour le roi Jean, il assembla en sa ville de Moulins les principaux gentilshommes de ses pays et seigneuries pour mettre toutes choses en bon ordre et état.

Il institua, en l'année 1363, l'ordre militaire de l'Ecu d'Or et du Chardon de Notre-Dame pour montrer que, parmi les epines et chardons des angoisses de ce monde, il faut recourir à cette sainte Vierge. Il eut plusieurs victoires avec le duc Jean de Berry et Bertrand du

Guesclin contre les Anglois, sur lesquels il conquit plusieurs villes en Poitou, Limousin, la Marche et Angoumois et autres contrées. Il retira d'eux les villes de Poitiers, Saintes, La Rochelle, en recompense de quoi le roi lui donna, par lettres du 15 janvier 1372, les susdites terres et seigneuries de Bellac, Rancon et Champagnac et toutes les autres que tenoit, dans le royaume, Marie de St-Pol, dame de Valence, comtesse de Pembroc, demeurant avec les ennemis en Angleterre, et le reçut à foy et hommage d'iceux lieux.

Ce duc Louis fut un des princes du sang qui eurent la charge de la personne du roi Charles VI, son neveu, pendant sa minorité et la foiblesse de son esprit, selon Froissard; car, Charles V ayant expérimenté la prudence et fidelité de ce bon duc son beau-frere, ce fut pourquoi, peu de jours avant sa mort, il recommanda son jeune fils et successeur aux ducs de Berri et de Bourgogne, ses freres, et, leur donnant la conduite d'icelui, leur adjoignit en une charge si importante ce duc de Bourbon, dont il s'acquitta fort dignement pendant les divers ages et calamités dont la France fut par un long temps agitée.

Il suivit le même roi Charles VI, son neveu, au voyage de Flandres, et avec lui se trouva à la bataille de Rosebecque, en laquelle il fit un merveilleux devoir, et rendit preuve de son courage, étant conducteur de l'arriere-garde de l'armée royale.

Quelque temps aprez, le roi ayant commandé aux mêmes ducs de Berri et de Bourgogne, ses oncles paternels, de se retirer de sa cour, declara ne vouloir désormais avoir auprez de sa personne autres princes que ce duc Louis de Bourbon, son oncle maternel, et Jean de Bourbon, comte de la Marche, son cousin, donnant ce temoignage signalé de leur fidélité qu'il les aimoit pour ce qu'il n'avoient jamais servi autre maître que lui, ni eu autre ambition ni dessein que pour le bien de l'Etat.

Il épousa Anne, dauphine, fille unique et heritiere de Beraud surnommé le Grand, comte de Clermont, dauphin d'Auvergne et sire de Mercueil, appelé aussi le comte Camus, dit par aucun erronement Guichard, et de Jeanne, comtesse de Forêts, fille de Jeanne de Bourbon, par contrat passé, le 4 juillet 1368, à Montbrison en Forêts, entre le duc Louis et le comte Beraud, dont issirent d'enfans Jean IIe du nom, duc de Bourbon, Louis de Bourbon qualifié par aucuns comte de Clermont, Catherine et Isabelle de Bourbon, qui moururent en jeunesse sans être mariées; et d'enfants naturels: Hector, bâtard de Bourbon, trez-vaillant chevalier, qui accompagna Jean Le Maingre dit Boucicaud, maréchal de France, au voyage qu'il fit à Genes, et Jacques, bâtard de Bourbon, seigneur de Buroy (ou Duroy), duquel parle Paradin en ses Alliances.

Il fut par aprez en Afrique faire la guerre contre les Maures et Sarrasins, faisant voile en Barbarie l'an 1390, d'où étant de retour environ l'an 1400, il eut cession et transport du pays et seigneurie de la Combraille, qui lui fut fait par Pierre de Giac, chevalier, qui l'avoit auparavant acquise de Jean, comte de Boulogne et d'Auvergne. Il donna plusieurs assistances aux princes oppressés. Finalement, âgé de soixante-treize ans, il mourut en sa ville de Montlusson le 19 jour d'août l'an 1410, et fut enseveli en la chapelle qu'il avoit fait bâtir et fondée au prieuré de Souvigni en Bourbonnois, ayant fait, deux ans auparavant son decez, son testament, le 24e jour de janvier l'an 1408, en son château de Moulins, faisant, entre autres executeurs testamentaires, le comte de la Marche, son neveu, la duchesse épouse du duc de Berri, son cousin, le sire d'Albret, connetable de France, son chancelier, et autres.

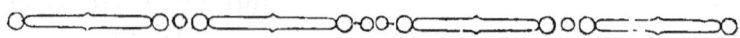

## CHAPITRE VIII.

### Bureau, sieur de La Riviere et des châtellenies de Bellac, Rancon et Champagnac.

Ce seigneur fut fils de Jean, sieur de La Riviere, et d'Isabeau d'Angeren, issüe de cet Hugues d'Angeren qui fut l'un des executeurs testamentaires du roi Louis Hutin, l'an 1316, selon Duchesne au livre VII, chap. X, de l'*Hist. de Chatillon.*

Après le decez de son frere aîné, Jean II du nom, seigneur de La Riviere, premier chambellan des rois Charles V et Charles VI, décédé sans enfans au voyage d'outre-mer l'an 1365, succeda à la seigneurie de la Riviere ; il fut élu et choisi par le roi Charles V avec Louis de Monceaux, abbé de St-Denis, et autres prélats, avec messire Jean de Pastourel ou Pastoureau, pour assister de conseil la reine Jeanne de Bourbon, sa femme, faite tutrice principale, gouvernante et garde des personnes de leurs enfans, royaume et tuteurs, en l'assemblée tenüe à Melun au mois d'octobre de l'an 1374, et épousa Marguerite dame d'Auneau prez de Chartres, héritiere de Guy, seigneur d'Auneau, de laquelle il engendra deux fils et deux filles ; à sçavoir :

Charles de La Riviere, son fils aîné, qui lui succéda en la seigneurie de La Riviere, lequel, selon Dutillet, au Recueil des rois de France et leur couronne, le 28 mai 1428, fut reçu au parlement au lieu de messire Guillaume de Chaumont, sieur de Guitre, en l'office de grand-maître enquêteur et général réformateur des eaux et forêts de France, bien que le procureur général soutînt que ce n'étoit office, et qu'il n'en falloit point.

Ce Charles eut pour femme Blanche de La Trie, comtesse de Dampmartin, fille unique de Charles de La Trie, comte de Dampmartin, et de Jeanne d'Amboise, dame de Nesle et de Montdoubleau.

Jacques de La Riviere fils puisné fut seigneur d'Auneau; il mourut prisonnier entre les mains des Bourguignons, l'an 1443, au récit d'Heraud Berri en l'Histoire de Charles VII.

Les filles de Bureau de La Riviere furent : Perette de La Riviere, mariée à Guy de La Roche, seigneur de La Roche-Guyon, et Jeanne de La Riviere, que Froissard, au IV$^e$ volume, chap. XLVIII, écrit avoir été une belle damoiselle et gente, laquelle épousa Jacques de Chatillon, seigneur de Dampierre, lequel, quelque temps aprez, ayant été démarié, on le remaria ailleurs, où il plut aux seigneurs de Berri, de Bourgogne et à ceux de La Trimouille.

Ce seigneur Bureau de La Riviere fit plusieurs valeureux faits d'armes contre les Anglois; au recit de Froissard, il étoit fort aimé et favori du roi Charles VI. Le même Froissard recite, au chapitre CLXXII du susdit volume, que, quand le duc de Bourgogne voulut sçavoir si Ysabel de Bavieres, sœur de Louis de Bavieres, comte palatin du Rhin, comte de la basse Marche, plaisoit au roi Charles VI pour être sa femme épouse, donna charge à ce seigneur de La Riviere d'enquerir le roi sur ce qui lui dit qu'elle lui plaisoit fort.

Bureau sieur de La Riviere fut seigneur des chas ellenies de Bellac, Rancon et Champagnac, et, comme tel, eut procez contre les abbé, chanoines et chapitre de l'eglise de St-Pierre du Dorat pour le fief et justice du clos St-Pierre de Bellac, lesquels, aprez avoir fait faire une enquête de leur part le 24 du mois d'août 1378, où furent ouïs trente-quatre témoins pour justifier de leur droit par devant Gautier de Billy, sénéchal de Bellac, Rancon et Champagnac, pour icelui sieur de La Riviere, obtinrent jugement à leur profit.

Quelque temps aprez, ainsi que recite Choppin au livre I du Domaine, titre VII, ce seigneur, envié par la seigneurie de la cour pour le grand credit qu'il avoit envers le roi Charles VI, ainsi que l'envie accompagne ordinairement la félicité recente, eut tous ses biens confisqués, meubles et immeubles par lui acquis, fors qu'on laissa à la dame d'Auniau, son épouse, tous les héritages qui lui appartenoient de son côté de pere et mere, en l'an 1392, ainsi que recite Froissard, chapitre XLVIII du IV<sup>e</sup> volume; condamnation bien rigoureuse au préjudice des droits de communauté de cette dame contre l'ordonnance du roi Philippe le Bel de l'an 1307 et des constitutions impériales; mais, quelques années auparavant, il s'étoit démis et défait des seigneuries de Bellac, Rancon et Champagnac.

Finalement Bureau de La Riviere, aprez avoir éprouvé l'heur et malheur de la vanité du monde, et s'être encores remis dedans son état, ainsi que recite Duchesne au livre VII de l'Histoire de Chatillon, mourut le 16<sup>e</sup> jour d'août de l'an 1400, fut inhumé en l'eglise de St-Denis en France, aux pieds du roi Charles V, suivant l'ordonnance du même roi, qui, pour la considération des grands et notables services qu'il avoit rendus à la couronne, et la singuliere affection qu'il lui portoit, l'ordonna ainsi de son vivant, ce qui fut confirmé par le roi Charles VI, voulu et approuvé par les ducs de Berri, de Bourgogne, d'Orléans et de Bourbon, ainsi qu'il apert par son epitaphe qui est dans l'eglise de St-Denis en ces termes, rapportée par Doublet, au livre IV, chap. XLIV, en ses Antiquités de St-Denis :

« Cy git noble homme messire Bureau, jadis seigneur de La Riviere
» et d'Auneau, chevalier et premier chambellan du roi Charles VI,
» son fils, qui trepassa le seizieme jour d'août l'an 1400, fut cy
» enterré de l'ordonnance dudit roi Charles V, qui, pour consideration
» de trez grands et notables services qu'il lui avoit faits, et pour la
» singuliere amour qu'il avoit à lui, le volt et l'ordonna en son
» vivant, et ledit Charles VI le confirma, et aussi nos seigneurs les
» ducs de Berri, de Bourgogne, d'Orléans et de Bourbon, qui lors
» étoient, voldrent qui ainsi fut : priés Dieu pour l'ame de li. »

Charles de La Riviere, comte de Dampmartin, son fils aîné, fit son testament, par lettres de l'an 1329, étant en l'abbaye de St-Denis. Les exécuteurs de ce testament furent le sieur de La Trimouille, frere du testateur, Jacques de Chatillon, seigneur de Dampierre, son neveu, et autres en nombre.

## CHAPITRE IX.

Comment Bureau de La Riviere, sieur de Bellac, Rancon et Champagnac fut maltraité par l'envie des grands du royaume.

Ce seigneur éprouva que l'envie, comme dit Tacite, accompagne ordinairement la félicité récente ; car, pour avoir acquis les bonnes grâces des rois Charles V et VI, et s'être élevé nouvellement aux grandeurs du royaume, il attira, dit Choppin, livre 1er du Domaine, titre VII, sur lui la haine et l'envie des princes du sang et des seigneurs de la cour, lesquels, dés le soir que le roi Charles VI se trouva indisposé de frénésie sur le chemin de Boulogne, le congedierent de la cour, ensemble le Begue de Vilaines, Montagu et quelques autres.

Il s'étoit retiré avec sa famille prez de Chartres, ainsi que recite Froissard au IVe volume, chapitre XLVIII, au château d'Annens ou d'Anneau, place forte qu'il avoit eue de sa femme; mais il n'y fut gueres que tôt aprez les ducs de Berri et de Bourgogne, résolus de le perdre, l'envoyerent prendre prisonnier; et, bien qu'il fut conseillé de s'enfuir par la violente conspiration dressée contre lui, si répondit-il qu'il n'avoit garde de ce faire, d'autant qu'il se rendroit coupable de ce dont il il étoit innocent; que, Dieu lui ayant donné tout ce qu'il avoit, il pouvoit retirer ses largesses quand il lui plairoit, et qu'en tout sa sainte volonté fut faite; qu'il avoit servi les roi Charles V et VI loyalement, dont ils l'avoient récompensé; que, s'il se trouvoit qu'il eut délinqué, il ne demandoit point d'autre grace que le châtiment, pourvu qu'il fut jugé par le parlement de Paris; et, recitant ces paroles, voyant venir les chevaliers et commissaires vers sa maison à main forte et armée pour le prendre, leur fit ouvrir les portes, et fut au devant d'eux, les accueillit honorablement et le mieux qu'il put, lesquels cherchants des excuses sur l'acceptation de leur charge, lui qui étoit deja librement résigné à Dieu, consolant sa femme, ses enfants, ses amis et domestiques, déclara qu'il étoit prêt d'obéir à tout ce qu'on désiroit de lui. Puis, ayant été gardé quelques jours dedans sa maison, fut mené au château du Louvre à Paris, ou, selon Pasquier, au livre VI de ses Recherches, dans la Bastille; puis l'an suivant il fut élargi avec autres favoris du roi Charles VI, à la charge de vuider le royaume. Néantmoins il se trouve qu'il fut toujours retenu prisonnier. Les principaux points de cette calomnieuse accusation étoient d'avoir dérobé les finances du royaume, de les avoir employées à acheter de grands états, terres et grandes seigneuries, fait faire de beaux edifices et batiments, avoir conseillé à Sa Majesté d'aller au Mans et entrer dans la Bretagne; de l'avoir mis par poison dans la maladie frénétique qu'il avoit.

Les maisons du sieur de La Riviere furent mises au pillage partout; ses terres et seigneuries furent confisquées l'an 1392 : rien ne lui fut laissé, fors qu'à la dame d'Auneau, son épouse, ses biens patrimoniaux. Sa fille Jeanne de La Riviere, fort accomplie de beauté, avoit été mariée avec Jacques de Chatillon, seigneur de Dampierre, fils d'Hugues de Chatillon, grand-maître des arbalestiers de France, gouverneur de Ponthieu; mais les princes ses ennemis firent dissoudre, par la permission du pape Clement, contre la volonté des mariés, ainsi que recite Duchesne en l'Histoire de Chatillon.

Charles de La Riviere, fils aîné dudit Bureau, avoit épousé Blanche de Trie, comtesse de Dampmartin, fille unique et heritiere de Charles de Trie, comte de Dampmartin, et de Jeanne d'Amboise, dame de Nesle et de Mondoubleau, sa femme; ils voulurent aussi dissoudre ce mariage; mais le comte de Dampmartin s'y opposa, et l'empêcha, disant que sa fille n'auroit jamais d'autre mari tant que le fils du sieur de La Riviere vivroit.

De jour à autre les bruits s'épendoient par tous pays

que Bureau de La Riviere devoit être exécuté à mort, avec un extreme regret d'un chacun, car il avoit été toujours doux, courtois, debonnaire et patient aux pauvres gents, dit Froissard ; et si personne neantmoins n'osoit parler pour lui, fors Jeanne de Boulogne, duchesse de Berri. « Trop de fois, dit le même auteur, la bonne dame se mit à genoux aux pieds de son mari, et lui disoit en priant à mains jointes : « Haa ! monseigneur,
» à tort et peché vous vous laissés des ennemis et haineux
» informer diversement sur ce vaillant chevalier et
» prud'homme le seigneur de La Riviere ; on lui fait
» purement tort ; nul n'ose parler pour lui fors moi.
» Je vueil bien que vous le sachés que, s'on le fait mourir,
» jamais je n'aurai joye, mais serai, tous les jours que
» je vivrai, en tristesse et en douleur, car il est ou qu'il
» soit trez-loyal chevalier, sage et aussi vaillant prud'-
» homme. Haa ! monseigneur, vous considerés trop
» petitement les beaux services qu'il vous a faits et les
» peines et travaux qu'il a eus pour vous et moi mettre
» ensemble en mariage. Je ne dis pas que je le vaille
» (car je suis une petite dame à l'encontre de vous) ;
» mais, vous qui me vouliés avoir aviés afaire à un
» trop dur et avisé seigneur, monseigneur de Foix, en
» qui garde et gouvernement j'étoye pour lors ; et, se le
» gentil chevalier le sire de La Riviere et ses douces
» paroles et saiges n'eussent été, je ne fusse pas en votre
» compagnie, mais fusse pour le present en Angleterre,
» car le duc de l'Enclastre me vouloit avoir pour son fils
» le comte d'Herby, et plus s'y inclinoit le comte de
» Foix, assés qu'il ne faisoit à vous, trez-cher sire. Il
» vous doit bien souvenir de toutes ces choses, car elles
» sont véritables. Je prie humblement et en pitié que le
» gentil chevalier qui doucement m'amena de par deça

» n'ait nul dommage de son corps ne de ses membres.
» Haa ! monseigneur, il eut tant de peine et travail pour
» nous mettre ensemble : vous l'en remunerés petitemen ,
» qui consentés sa mort et destruction. A tout le moins,
» si on lui ote sa chevance, qu'on lui laisse la vie ; car,
» s'il meurt sur la forme et état dont ainsi l'esclandres ,
» je n'aurai jamais joye, monseigneur, je ne dy pas de
» feint courage, mais de grande volonté. Si vous prie
» pour Dieu que vous y veillés pourvoir et penser à sa
» delivrance. »

D'autre part, le connetable de Clisson prit la protection dudit sieur de La Riviere, le reconciliant avec le roi. il soutint qu'il n'étoit nullement coupable, offrant le justifier au hazard de sa propre personne par le gage de bataille, ce qu'aucun des princes et seigneurs ennemis de Bureau de La Riviere ne voulurent éprouver, lequel, peu de temps aprez, par la convalescence du roi, il sortit de prison. Aprez avoir été en danger par plusieurs fois de perdre la tête, et aprez plusieurs traverses, il obtint arrêt portant que Sa Majesté lui donnoit grâce de son mesfait avec la restitution de ses terres et châteaux.

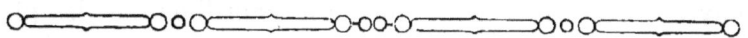

## CHAPITRE X.

Jean de Bourbon, comte de la Marche, de Castres et de Vendome, seigneur des chatellenies de Bellac, Rancon et Champagnac.

Ce prince, fils de Jacques de Bourbon, comte de la Marche, Ponthieu et Charolois, connétable de France, acheta de Bureau de La Riviere les terres et seigneuries de Bellac, Rancon et Champagnac. Peu aprez, suivant les titres du couvent de Notre-Dame de la Regle de Limoges, il passa procuration au château de Montoyre, le 12 d'octobre de l'an 1386, à Jean de Touteville, son chambellan, pour faire hommage, serment de feauté et composition de tous les profits qui pouvoient revenir à l'abbesse du couvent de Notre-Dame de la Regle de Limoges, laquelle fut faite à la somme de trois cents livres pour les droits de lots et ventes.

En la même année Jean de Bourbon et Catherine, comtesse de Vendome, sa femme, firent partage entre leurs enfants par lequel ils donnerent à leur aîné, Jacques de Bourbon, du depuis roi de Hongrie et de Naples, les comtés de la Marche et de Castres, les terres de Leuze et tout ce qu'ils avoient au pays d'Haynaud, avec les chastellenies de Montagu et les terres de Bellac, Rancon et Champagnac, l'an 1390. Par lettres du 15 juin il confirma le don qu'avoit fait Aymar de Valence de 22 quartes de segle mesure de Champagnac à l'eglise et chanoines de Notre-Dame de Montmorillon; mandant à Raymond du Chiers, lieutenant de son sénéchal de la Marche, et à Perot Guyot, son receveur, de les faire payer, qui étoit pour lors un gentilhomme des plus qualifiés du pays, ce qu'il ne faut trouver étrange, car Pasquier, au livre IV, chap. XVII, de ses Recherches, dit que les recettes du domaine s'exerçoient ordinairement par les baillifs et senechaux, ce que dit pareillement Loiseau en son Traité des charges militaires.

## CHAPITRE XI.

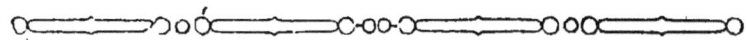

Jacques de Bourbon, roi de Hongrie, de Jérusalem et de Sicile, de Dalmatie, de Croatie, de Rome, de Servie, Gallicie, Lodomerie, Comanie et Bulgarie; comte de la Marche, de Castres, de Provence, de Forcalquier et de Piedmont; seigneur de Montagu, de Bellac, Rancon et Champagnac.

Par les partages et divisions que firent à leurs enfans Jean de Bourbon, comte de la Marche, et la comtesse Catherine de Vendôme, sa femme, des grands biens qu'ils possedoient, ils delaisserent à ce prince Jacques, leur fils aîné, les comtés de la Marche et de Castres, les terres et seigneuries de Leuze et autres, avec tout ce qu'ils avoient au pays de Hainaut ; par outre la chatellenie de Montagu en Combraille et les chatellenies et seigneuries de Bellac, Rancon et Champagnac en la basse Marche.

Ce prince Jacques de Bourbon II du nom, comte de la Marche, voua les premiers ans de son âge au service de Dieu pour combattre les ennemis du nom chrétien, et aussi les derniers de sa vie en la religion de St-François pour y faire pénitence de sa vie à l'exemple d'aucuns autres monarques qui prirent cette sainte resolution, ayant au prealable été allié dans deux maisons souveraines et royalles, scavoir : de Navarre et de Sicile, épousant deux princesses du sang royal de France, dont lui-même tiroit son origine.

## CHAPITRE XII.

Jean de France, duc de Berri et d'Auvergne, comte de Poitou, Saintonge, Angoulême, Etampes, Boulogne, Montpensier, Macon; seigneur de Bellac, Rancon et Champagnac.

Ce prince, 3e fils du roi Jean et de la reine Bonne de Luxembourg, sa femme, naquit le dernier jour de novembre 1340. Il se trouva à la bataille de Poitiers, en laquelle le roi Jean, son pere, fut pris, puis mené en Angleterre, où il le suivit et servit d'hôtage, dont étant de retour, la guerre s'étant renouvellée, le duc Jean eut commandement sur l'armée royale envoyée en Limousin, Poitou et Querci, et ayant assiégé et pris la ville de Limoges et mis en l'obeissance du roi celles de Poitiers et de La Rochelle, le roi Charles V, son frere, augmentant son apanage, lui donna le comté de Poitou, confisqué pour la rebellion du roi anglois, ensemble les châteaux et forteresses de Gençay, Morthomer et autres situés en Poitou confisqués aussi sur les Anglois.

Quelque temps aprez, ayant eu avis que les puissants d'Auvergne, la Marche, Poitou et Limousin s'étoient assemblés en armes, avoient fait un capitaine, ou ils exerçoient plusieurs cruautés contre la noblesse, les gens d'église et autres principaulx des villes, il les fut combattre, les défit, et contraignit ceux qui restoient de retourner en leurs maisons vacquer à leurs labourages.

Il se justifie par divers titres que ce duc de Berri jouissoit des seigneuries de Bellac, Rancon et Champagnac en l'an 1390, auquel an Ayneric (ou plutôt Aymeric) du Fresne se disoit garde des sceaux et chatellenies de Bellac, Rancon et Champagnac pour trez-grand et illustre prince monsieur le duc de Berri, seigneur desdits lieux par lettres du 16 février de l'an 1390, même se titroit seigneur de la basse Marche en l'an 1395, et, en cette qualité, par lettres du 16 novembre 1395, il donna permission de fortiffier le château et seigneurie du Ris-Chauveron, en la paroisse d'Azac-le-Pomier, à Jean Chauveron, sire d'Azac. Or de sçavoir comment cela est arrivé, je ne l'ai encores bien pu sçavoir, sinon que Jean de Berri, son fils, comte de Montpensier, épousa en secondes noces Anne de Bourbon, fille de Jean de Bourbon, comte de la Marche, et de Catherine comtesse de Vendôme, laquelle Anne succéda à la comté de la Marche. Finalement mourut le duc de Berri en son hotel de Nesle, dit du depuis de Nevers, à Paris, le 13e jour du mois de juin 1416, après avoir fait de grands biens à quantité d'églises, et fait faire le superbe édifice de la sainte chapelle de Bourges à l'exemple de celle de Paris.

Ce duc Jean portoit de Berri d'azur semé de France à la verdure engreslée de gueules.

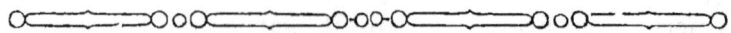

## CHAPITRE XIII.

**Bernard d'Armagnac, comte de Pardiac, de Castres et de la Marche, seigneur de Bellac, Rancon et Champagnac.**

Ce seigneur, par le mariage d'Éleonor de Bourbon, fille de Jacques de Bourbon, roi de Sicile, fut comte de la Marche ; il fut aussi seigneur des chatellenies de Bellac, Rancon et Champagnac, et, comme tel, s'opposa à ce que le parlement de Bordeaux fut transféré en la ville de Poitiers en l'an....; à ce que lesdites chatellenies ne ressortissent audit parlement de Bordeaux, comme ayant toujours été du ressort du parlement de Paris, ainsi qu'il est rapporté par du Tillet. Nous avons parlé plus amplement de lui au premier tome de notre Histoire de Limosin, la Marche et Poitou : nous n'avons voulu en employer pour éviter prolixité et redite.

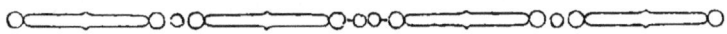

## CHAPITRE XIV.

**Jacques d'Armagnac, duc de Nemours, comte de la Marche, seigneur de Montagu en Combraille, de Bellac, Rancon et Champagnac.**

Ce comte de la Marche, par acte du 1ᵉʳ jour d'aout 1456, pour libérer ses fiefs de Bellac et de Champagnac d'une saisie faite à la requête de la dame de Combort, abbesse du couvent de Notre-Dame de la Regle de

Limoges, pour raison de l'hommage non rendu, lui envoya Pierre Barton, chevalier, chancelier de la Marche, avec procuration expresse pour rendre de sa part ledit hommage, lequel n'ayant été accepté par cette abbesse par procureur, sur la lettre que lui en écrivit ce prince de l'exempter, ne pouvant y aller en personne pour les importantes affaires qu'il avoit pour le service du roi, il fut reçu.

Depuis l'acquisition des terres et seigneuries de Bellac, Rancon et Champagnac faite par Jean de Bourbon, comte de la Marche, elles sont toujours demeurées réunies au comté de la basse Marche, sans qu'il apparoisse qu'elles en ayent du depuis jamais esté distraites et désunies, ains toujours possédées conjointement par tous les comtes et comtesses de la haute et basse Marche comme membres dependants dudit comté de la basse Marche.

*Extrait des mém. manusc. de Robert*, d'après le man. de dom Fonteneau, vol. XXX<sup>e</sup>, p. 806 à 843, écrites sur le recto seulement.

Nota. — Tous les passages non remplis manquent dans dom Fonteneau.

B.

Coustumes de Bellac.

Au nom du Pere, du Fils et du Saint-Esprit (1).

Hugues Brun, comte de la Marche, par la teneur des présentes, veux faire savoir à tous présens et à venir que, comme anciennement Audebert, d'heureuse mémoire, comte de la Marche, et les nobles du chastel et chastellenies de Bellac, avec le consentement des habitans de ladite ville, eussent arresté et accordé entre eux et promis par serment d'observer fidelement les coutumes et franchises du chateau et ville de Bellac,

(1) In nomine Patris, et Filii, et Spiritus sancti, ex Hugone Brunus, comes Marchiæ, præsentis scripti tenore notum feci, volo, tam præsentibus quam futuris, quod cum olim felicis recordationis Audebertus, comes Marchiæ, et milites castelli et castellaniæ de Belac, cum assensu gentis ejusdem villæ concordassent inter se et juramento firmassent consuetudines et securitates castri et villæ de Belac se fideliter observaturos, et metas ac terminos posuissent infra quos omnes homines milites, clientes, burgenses, rustici, securitatem haberent, etc., ego, diligenter eorum vestigiis inhærens, militum dicti castri et castellaniæ habito proposui, et juramento firmavi eodem modo consuetudines et securitates, et metas et terminos eosdem, infra quos nullus qui jus facere velit et possit capiant, etc.

CHOPPIN, *Coutumes de l'Anjou*, page 241.

Le reste de ce titre, collationné le 29 mars 1473, n'est pas reproduit.

mesme eussent posé bornes et limites au dedans desquelles tous, fussent nobles, vassaux, bourgeois, païsans, seroient en franchise, ainsi qu'évidemment il m'est apparu par le témoignage des gens de bien ; en suivant diligemment leur trace et advis des nobles dudict chasteau et chastellenie, j'ai ordonné par serment, confirmé les mesmes coustumes et franchises et les mesmes bornes et limites au dedans desquelles personne voulant et pouvant faire droict ne soit prins ; et sont les dictes bornes celles-ci : depuys l'orme de Mades jusques à l'orme de Veaux et à l'aubépine de..., et à l'orme de la Sanquelle, et à l'orme du vieux Bellac ; et au pré et aux ormes de Basins, et au chesne de la Croisille. Oultre ça, j'ay ordonné et voulu le serment presté, que, sy un noble vassal ou bourgeois, pour quelque cause que ce soit, veuille sortir de la ville et la quitter du tout, qu'il s'en puisse aller librement avec tous les siens, et que le maistre ou prévost de la ville soict tenu le conduire dans quatorze jours en lieu de sureté s'il en est requis par luy.

J'ay faict transcrire les anciennes coutumes et libertés du chasteau et chastellenie, rattiffier et promectre, du commun consentement tant des nobles qu'autres, pour servir de mémoire et assurances, sur lesquelles tant les nobles qu'autres diligemment requis unanimement assurent que les nobles de Bellac tiennent du comte de la Marche, comme de leur seigneur et maistre, ce qu'ils ont dans le chasteau et chastellenie de Bellac, et ne lui peuvent défendre l'entrée d'icelluy, soict en paix, soict en guerre.

*Item.* — La coustume du mesme chasteau est que, si quelqu'un a faict tort au comte de la Marche dans son comté, et contre lequel le comte ait besoing de secours des habitans de Bellac, le comte doit le faire sçavoir aux nobles de la ville ; et, quand le cry en aura été faict de la part du comte, du prevost et nobles de la ville, les habitans, selon la publication qui en aura esté faicte, doivent servir le comte dans son comté, ainsi qu'ils ont accoustumé.

*Item.* — Quand le comte viendra à Bellac, les marchands, bourgeois, doivent fournir et prester vivres, meubles, durant quatorze jours, si le comte veuilt, en baillant touteffois caution ; le comte les doibt garder de dommage.

*Item.* — Si quelqu'un a sciemment contrevenu au ban du comte, faict du consentement des nobles dudict chasteau, il doibt payer soixante sols d'amende.

*Item.* — Dans Bellac personne ne doibt, par mauvaise intention, tirer contre aucun cousteau ou armes esmolues, ou, s'il le faict, que la plainte en vienne au comte, il luy doibt soixante sols d'amende.

*Item.* — Si quelqu'un prend un larron ou meurtrier dans le chasteau de Bellac, il le doibt rendre au prévost.

*Item.* — Les étrangers venant en ville, tant qu'ils n'ont point de maistre, ils sont en la garde et seigneurie du comte.

*Item.* — Le comte a, dans Bellac, les ventes et les péages ; et qui le retiendra doibt trois sols d'amende ; mais le noble ne doibt ny rentes ny péages.

*Item.* — Ceux qui viennent aux marchés sont à la garde du comte allant et retournant ; et, si quelqu'un leur malfait, il faict injure au comte.

*Item.* — Le comte a, pour fausses mesures, soixante sols d'amende.

*Item.* — Le comte a, pour les causes de sang criminelles, si la plainte lui en est faicte, son droict selon que la peine sera légitimement arbitrée.

*Item.* — Si quelqu'un a esté condamné à la question en eau chaude bouillante, convaincu, doibt sept sols six deniers d'amende; et qui sera convaincu de *duel* (ou *dol,* on lit l'une et l'autre leçon dans le manuscrit) doibt soixante sols d'amende.

*Item.* — Dans Bellac personne ne doibt être assailli et assiégé dans sa maison s'il veust et peust faire raison ; et, si quelqu'un ose faire au contraire, doibt soixante sols d'amende.

*Item.* — La coustume est, dans Bellac, que ny le comte, ny le noble, ni aultre, ne peut faire exécuter aucun de Bellac que premierement il n'ayt parlé à son seigneur, qui lui doit faire faire raison du debte cogneu seullement ; mais le seigneur peult abandonner son homme afin que la justice luy en soict faicte et aux aultres ; et, si quelqu'un faict au contraire, il doibt trois sols d'amende au seigneur de l'homme exécuté.

*Item.* — Si quelqu'un a, de jour, faict dommage dans les vignes ou jardins, requis ou pris, il est dict qu'il paiera trois sols d'amende ; et, s'il ne les veult payer, il aura l'oreille coupée. Mais, si d'aventure le forfait est si grand qu'il mérite une plus grieve peyne, il sera puny à l'arbitre des gens de bien. Que si, la nuict, il a faict le dict dommage, il doibt payer soixante sols d'amende, et aura le pied coupé. Et telles amendes seront partagées entre le seigneur de la terre et l'intéressé.

*Item.* — Celuy qui gardera une beste dans le pré d'autruy payera trois sols d'amende ; et, pour une chascune beste paissant qui ne sera point gardée, payera quatre deniers.

*Item.* — La coustume est, entre le comte et les nobles de Bellac, que lesdicts nobles peuvent mener avec eux, conduire tout malfaicteur, pourvu qu'il ne mesface allant et venant, ou, s'il mesfaict à quelque chose, celuy qui le menne est tenu de l'émende. Que s'il a contre luy deffense de le mener, il ne le pourra ny devra faire de là en avant.

*Item*. — Si quelque noble de Bellac veult sortir de la ville pour aller à la guerre, tout ce qu'il a dans le chasteau de Bellac luy sera conservé, s'il ne mesfaict dans le chasteau, depuis le soleil couché jusqu'au soleil levé.

*Item*. — Il est ordonné que, si les nobles de Bellac vont à la guerre avec le comte, depuis qu'ils seront partis de leurs maisons, tout ce qu'ils gaigneront à la guerre sera à eulx, horsmis les personnes des prisonniers, s'ils vont à la guerre à leurs dépens.

*Item*. — La coustume est, que sy un bourgeois tient à la maison d'un noble ou d'un aultre et y demeure, il est dict et est de faict homme de celuy en la maison duquel il demeure, et doibt pour luy et devant luy subir jugement en demandant et deffendant, et en sa présence faire et prendre justice, c'est-à-dire agir et deffendre tant qu'il ne sera faict aucun grief au deffendeur ou demandeur, mais du grief on appelle à la plus grande cour.

*Item*. — Le comte ne doit lever, prendre, sur aucun homme de Bellac, rente ou pension.

*Item*. — Si quelqu'un veult laisser son seigneur et en avoir un autre, transportant son domicile en la terre de celuy duquel il veult estre homme, il pourra retirer sa maison et tout ce qu'il a de son premier seigneur, avec le revenu qu'il en retire. Mais, s'il tient la maison ou à taille ou à service, il doit payer au seigneur son exploit, c'est-à-dire le droict qu'il a en la chose si d'aventure il ne quitte et desguerpit, et de la chose ainsi abandonnée pourra le seigneur s'en emparer pour jouir du revenu d'icelle.

*Item.* — La coustume est aussi que, si quelqu'un tient une terre ou maison ou autre chose à certain cens en service, et cesse par quatre ans continuels à payer le cens ou pension au seigneur, de ce interpellé, ces choses, lesquelles qu'elles soient, s'en retourneront au seigneur librement et de droict, si ce n'est en enfans ou mineurs ou cause de la guerre, ou un absent qui aie demeuré à payer.

*Item.* — La coustume est que, si le noble, vassal ou bourgeois de Bellac s'en va hors Bellac, les hommes qui sont en ladicte ville ne sont tenus le suivre, et sont libres avec ce qu'ils ont, pourvu qu'ils veuillent prester le serment de garder fidélité à la ville.

*Item.* — Il est ordonné qu'il sera permis de donner ou prendre à titre de cens prés, terres, vignes et aultres choses au plus vil prix que l'on pourra, à cette condition que celuy qui la donnera à titre de cens à la coustume des vignes, s'il les tient d'un autre fief, et vient à laisser ledict cens au seigneur du fief, ou ne faict ce qu'il est tenu de faire à son seigneur, ledict seigneur, lui ou autre, ne pourra retirer la chose ascencée, mais seulement le cens, et que celuy qui le donne à retenue réserve.

*Item.* — Si quelqu'un veult vendre la terre, vigne ou aultres choses qu'il a, à l'esgard des vignes au dehors des susdites bornes, il doibt advertir le seigneur du fonds que, s'il la veult retirer pour le prix que un aultre en veult donner, il l'aura à douze deniers moins qu'un aultre; que, si le seigneur ne le veult avoir, il aura un denier par chascun sol du prix de la vente, et le droict de mutation de celuy qui entre en la possession. Et, pour le regard des maisons et aultres choses qui sont situées dans les bornes cy-dessus, il est certain que, si on les vent, à quelque titre qu'on les possede, s'il y a quelqu'un qui soict du lignage du vendeur, et a le premier ce retraict, et pour retirer lesdictes choses, et pourra retirer, pourvu que le seigneur soit payé des ventes et des droits de mutation.

*Item.* — Si quelqu'un veult donner et délaisser à quelqu'autre les choses qu'il a à certains cens ou aultrement, avec droict de mutation et rentes seulement, sans qu'il y ait argent déboursé, celuy auquel les choses auront estées délaissées ou données, sans argent, les possedera paisiblement.

*Item.* — La coustume est que, si quelqu'un prend quelque chose à titre de cens, ou aultrement faict une acquisition à un aultre qui peult-estre pensera avoir droict à ladicte chose qu'il voit celluy-là posseder, et est demeurant en la mesme ville, s'il ne met en proces celuy-là qui l'a possédée dans l'an et jour, il ne sera plus retenu en cause s'il n'est enfant ou mineur, ou si misérable personne qu'il n'avoit moïen de plaider. Que s'il est hors de la ville et demeure en la chastellenie, il doibt poursuivre ses droicts dans dix ans. Iceuls passés, ne sera plus recu. Mais, s'il demeure allieurs hors la ville et chastellenie, il pourra poursuivre son droict dans trente ans, lesquels passés n'y sera néantmoins recu.

*Item.* — Sur les rentes et exploicts qui sont deus au seigneur du fonds, nul ne soict sy hardy que de se deffendre malicieusement par prescription.

*Item.* — La coustume est libre que, quand les bourgeois exposent en vente leurs marchandises, si le noble qui en veult achapter n'a par hasard d'argent en ville, donne gage qui vaille plus que la marchandise, le bourgeois le doibt prendre, sinon qu'au gage qu'auparavant le bourgeois avoit prins il ait eu la perte, et les gages prins doitvent estre gardés par an et jour. Que s'ils ne sont lors rachaptés, celuy qui les a prins les vendra, aiant toutefois premierement adverty le maistre ; et, s'il en tire plus qu'il ne luy est deub, il doibt rendre le surplus au maistre du gage ; que s'il ne peult tirer tout ce qui luy est deub, le noble à qui estoit le gage doibt rendre au bourgeois la perte, si ce n'est que, par la faulte du bourgeois, le gage aye esté gasté et destérioré.

*Item.* — Il est arresté que les hommes de Bellac et de la chastellenie ne paieront point de péage au comte en son chastel et chastellenie.

Au demeurant il y avoit une question et controverse entre les nobles et les bourgeois ; à sçavoir si les bourgeois peuvent donner les choses qu'ils tiennent à cens ou pension certaine à aultres à plus grande pension ; et a esté accordé que, si la chose est située dans les bornes cy-devant dictes, les bourgeois la peuvent donner à un aultre à plus grand cens sans le consentement du seigneur des fonds. Mais, si le bourgeois reçoit de la de ce dernier, il en doibt paier les rentes au seigneur foncier. Mais le droict de mutation doibt appartenir au bourgeois qui a donné la chose à plus grand cens. Et ces coustumes et libertés que j'ai approuvées, mises par escript à l'humble supplication des habitans de Bellac, estant disgnes d'estre fortifiées de mon sceau, il y a encore, dans ladicte ville, aultres coustumes que je ne suis pas tenu d'observer sans rien altérer ou innover, comme aussi les nobles et habitans de Bellac, et leurs biens, droicts et coustumes de mon temps et de mes prédécesseurs, entre eulx observer, tant en pocession qu'en aliénation, je serai semblablement tenu de défendre diligemment, fermement et servir librement.

Les bourgeois davantaige, pour obtenir la faveur et

apui des nobles, et la conserver entre eulx fidelement, ont convenu avec lesdicts nobles que, si leurs fermiers ou métayers viennent dans le chasteau, laissant leurs terres et seigneuries, ils ne les recepvront aucunement en leurs terres sizes dans les bornes, comme leurs hommes, si premierement le paysan qui vient dans le chasteau n'a esté l'homme de quelqu'aultre que de un noble de Bellac; et nous, à la priere des nobles, leur avons diligemment accordé cecy que, sy quelqu'un est trouvé en fraude au susdict consentement, il s'attire nostre hayne et la peine méritée, et, au jour du jugement, estoit condampné par le seigneur, il recevra sa portion avec les esmolumens de justice.

Et, afin que le contenu au présent escript soit à jamais stable, j'ay scellé ceste page du petit sceau, donné publiquement an Dorat.

La collation a esté faicte à la lettre originale scellée du sceau dudict seigneur comte, en cire blanche, avec une corde de soie, le vingt-neufvieme du mois de mars l'an du Seigneur mil quatre cent soixante-treize, et par Guillaume et Jean Descoutures et Jean Bocher, notaires royaulx, etc.

Nous garde du scel authentique de nostre illustrissime seigneur roi de France au balliage du Lymosin establi aulx contraicts, sçavoir faisons que, veu, teneu et seu, de mot à mot faict transcrire par nos fideles commissaires et jurés, notaires souscripts, certaines lettres autrefois accordées par Hugues Brun, d'heureuse mémoire, comte de la Marche, et son prédécesseur Audebert, aussi comte de la Marche, et les nobles du chastel et chastellenie de Bellac, sur les coustumes et franchises de Bellac scellées du sceau dudict comte, de cire blanche, avec des fils de soye......... non viciées, ne cancellées, n'y suspectes en aucune part, mais du tout sans vice ne soupçon, comme il m'est apparu; desquelles la teneur sensuit de mot à mot, et est telle : In nomine Patris, et Filii, et Spiritus sancti............, Ego Hugo Brun....

Au tesmoignage de quoy, nous, garde susdict à la seule relation de nos fideles emmissaires et jurés soubscripts, et qui nous ont fidellement rapporté avoir transcript lesdictes lettres, et d'icelles avec les présentes avoir faict diligente collation par les présentes cy-dessoubs signées de leurs mains, pour plus grande certitude, avons faict apposer le susdict scel authentique royale audict baillage de Lymosin establi aux constraicts. Donné et faict, en tant que touche le *vidimus* ou transcript, le vingt-neufvieme du mois de mars l'an mil quatre cent soixante treize.

ROBERT. — *Extrait du Limousin historique*, T. II, p. 32.

## C.

**Esdit de l'établissement et création des siéges royaux du Dorat et de Bellac, en la sénéchaussée de la basse Marche, en l'an 1572.**

CHARLES, par la grâce de Dieu roy de France, à tous présens et à venir SALUT.

Aprez avoir ouy en nostre conseil privé le rapport faict par notre amé et féal conseiller en nostre grand conseil, Mᵉ Lazare Amadon, du procez pendant en iceluy sur le différent de l'establissement du siége de la sénéchaussée de la basse Marche estant entre les abbé, chanoines et chapitre de l'église séculiere et collégiale de Saint-Pierre du Dorat, opposans à certaines nos lettres en forme d'esdit de l'establissement dudit siége en la ville du Dorat du mois de janvier mil cinq cent soixante et un, et appelans de l'exécution d'icelles; et les syndics des chastellenies de Bellac, Rancon et Champagnac; et les fabriqueurs, procureurs et sindics de la ville et paroisse d'Availles, des paroisses de Saint-Germain-les-Confolens, Brillac, Azat, Mezieres, Oradour-Fanois et Balledent, aussi opposans à la publication desdictes lettres, d'une part; et nostre procureur général prenant la cause pour son substitut audict païs, deffendeur, d'aultre; lequel, d'autant qu'il estoit question de l'edict par nous faict sur la remontrance et doléance contenue au cayer particullier des estats dudict païs, sénéchaussée et comté de la basse Marche, à la convocation de nosdicts estats tenus en nostre ville d'Orléans; et aussi que ladicte opposition faicte par ledict chapitre à la publication de nostre dict édict en nostre cour de parlement, à Paris, nous auroit esté renvoyée : laquelle, pour les grands empeschements de nostre conseil, aurions renvoyée à nos amés et féaux conseillers les gens tenans nostre grand conseil ; et, ayant entendu par ledict rapport la longueur et frais desdictes parties à la poursuite de cette affaire, qui pouvoit prendre long trait, avons, de nostre certaine science, plaine puissance et authorité royalle, évoqué à nostre personne le differend dudict establissement du siége pour y estre par nous ordonné et déterminé ce que verrions estre à faire pour le bien l'une et de l'aultre des parties, en interdisant toute cour et cognoissance pour le jugement d'iceluy à nostre grand conseil ;

Sçavoir faisons qu'aprez avoir mis ledict differend en délibération de nostredict conseil privé, où assistoient les princes, seigneurs et aultres de nostredict conseil, de l'advis des dessus dicts, et pour mettre fin audict differend, et faire vivre à l'advenir les habitans dudict comté en paix et union les uns avec les aultres, et pour plusieurs aultres bonnes causes et considérations à ce nous mouvans, avons, de nostre plus grande grace et authorité que dessus, par édit perpétuel et irrévocable, dit, statué et ordonné, disons, statuons et ordonnons, et nous plaît qu'audict comté de la basse Marche et chastellenies de Bellac, Rancon et Champagnac, leurs appartenances et dépendances, y aura et seront establis deux siéges de ladicte sénéchaussée, dont le principal demeurera et sera séant et establi dans la ville du Dorat, auquel siége ressortiront les aultres ressorts de tout ledict comté de la basse Marche, et y sera la justice administrée par les officiers qui y sont députés et seront à l'advenir ; et l'aultre siége dudict sénéchal sera particulier de ladicte sénéchaussée, lequel nous avons mis et establi, mettons et establissons en la ville de Bellac, auquel ressortiront lesdictes chastellenies dudict Bellac, Rancon et Champagnac, et ce qui deppend d'icelles, réunies et incorporées audict comté de la basse Marche, pour ressortir desdicts sièges en cas d'appel, es causes de la cognoissance de l'esdict des juges présidiaux pardevant lesdicts présidiaux (de Poitiers, ajoute Mallebay), et les aultres causes et matieres, hors de l'esdict desdicts juges présidiaux, en nostre cour de parlement à Paris; et, pour l'exercice de la justice audict siége particulier de Bellac, nous avons créé, ordonné et establi, créons, ordonnons et establissons un lieutenant qui cognoistra de toutes matieres civiles et criminelles, et néantmoins pourra le lieutenant-général dudict siége principal du Dorat, et, en son absence, le lieutenant particulier dudict siége aller audict Bellac tenir les plaids par trois jours, une ou deux fois l'année, pour le plus comme il sera besoin et nécessaire et, en telle saison qu'ils adviseront bon estre; et oultre, pour les mesmes causes et considérations que dessus, avons dict, statué et ordonné qu'audict siége principal du Dorat nostre advocat qui est à présent establi sera et demeurera aussi nostre advocat et procureur audict siége du Dorat, et sera et demeurera aussi notre advocat et procureur audict siége de Bellac, sans que, pour ce, eux et chacun d'eux soit tenu de prendre aultre nouveau serment et provisions que celui qu'ils nous ont desja fait et presté; et seront tenus les officiers de ladicte sénéchaussée, chacun en son siége, es villes, y faire résidence, aux peines portées et déclarées par nos édicts et ordonnances.

Si donnons en mandement à nos amés et féaux les gens tenans nostre cour de parlement de Paris, baillifs, sénéchaux, leurs lieutenans et aultres nos justiciers et officiers qu'il appartiendra, de faire lire, publier et enregistrer, garder, observer et entretenir nostre présent esdict de point en point, selon sa forme et teneur, en contraignant et faisant contraindre tous ceux qu'il appartiendra nonobstant oppositions et apellations quelconques, et sans préjudice d'icelles pour lesquelles ne voulons estre différé; la cognoissance desquelles nous avons retenu et réservé à nostre conseil privé, et interdicte et deffendue à toultes cours; et, pour ce que de ces présentes l'on pourra avoir affaire en plusieurs et divers lieux, nous voulons qu'au *vidimus* d'icelles, duement collationnées par l'un de nos amés et féaux notaires et secrétaires, foy soit ajoutée comme au présent original; et, afin que ce soit chose ferme et stable à toujours, nous avons faict mettre nostre scel à ces dictes présentes : car tel est nostre plaisir. — Donné à Blois, au mois de février l'an de grâce mil cinq cent soixante et douze, et de nostre regne le douzieme. Ainsi signé du grand sceau à doubles lacs de soye verte et rouge, de cire verte; et sur le replist est escrit d'un costé :

Lues publiées et enregistrées au grand conseil du roy, ouï, de ce requérant, le procureur général dudict seigneur des lieux de Navieres...., comte de la Marche, à Baugensi, le 24e jour de mars 1572. Ainsi signé Faur, et, de l'aultre costé, est escrit : Lues, publiées et enregistrées, ouï dessus ce le procureur général du roy, et sur la protestation du chapitre de St-Pierre du Dorat et oppositions du substitut dudict procureur général à Bellac, se pourvoieront les parties devant le roy. Fait à Paris, en parlement, le 1er jour d'avril l'an 1572. Ainsi signé du Tillet.

*Man.* de Robert, volume qui concerne le chapitre du Dorat.

## D.

## SIÉGE DE LA VILLE DE BELLAC,

### NON PRIS EN 1591.

Lettre d'un consul de la ville de Bellac à Monsieur Turquant, conseiller du roy, maître des requêtes ordinaire de son hôtel, intendant de la justice et affaires de Sa Majesté au pays de Limousin; contenant le discours du siége dudit Bellac; déroute de la cavalerie du vicomte de La Guierche; défaite de son infanterie; prise de son canon en la ville de Montmorillon; reprise de plusieurs villes et châteaux par monseigneur le prince de Conti.

MONSIEUR,

Vous sçavez que, depuis la mort de feu M. Lacote de Méziere, notre gouverneur, ce pays de la basse Marche n'a eu d'autre recours qu'à M. le comte de La Voulte et à vous, pour être assisté et conseillé selon les occurrences des grandes affaires qui le menaçoient, particulierement cette petite ville, à cause de la division des habitants d'icelle, que j'ai eu beaucoup de peine à contenir. Pour à quoy prévenir, vous nous envoyâtes commission pour y établir un chef, en attendant que le roy pourvût d'un gouverneur au pays : M. de La Couture fut secrettement nommé par les habitans serviteurs du roy, et y fut promptement introduit par le sieur de La Salle et moi, au grand déplaisir des ennemis nos concitoïens, que nous prévînmes seulement d'un jour, car ils avoient résolu d'y en recevoir un qui est créature de M. le vicomte de La Guierche, chef de leurs intelligences, que vous cognoissez de nom et de réputation. Je ne vous discourerai point comme depuis ils avoient entrepris de s'y établir, même de s'aider de votre nom s'ils vous eussent trouvé capable de cette simplicité; en quoy les entrepreneurs avoient trez-bien pris leur tems, car c'étoit lorsque le sieur de La Couture étoit malade à l'extrémité, et que le sieur de La Salle étoit en cour. Abandonné de mes confrères, il m'a fallu user de toute voie de rigueur et de douceur pour mettre la concorde céans, et tromper les ruses de l'ennemi; et faut dire que ce sont autant de miracles de quoy ils ne nous ont cent fois surpris, vu le grand nombre qu'ils étoient, et le peu que nous étions. Les particularités de cela vous sont plus cognues qu'à tout autre, et les effets en sont notoires dans le pays : c'est pourquoi je ne m'étendrai pas davantage à vous en discourir.

Le sieur de La Salle étant de retour de l'armée du roy, où vous l'aviez prié d'aller pour les affaires des pays de Limousin et de celuy-ci, on sçait partout que M. d'Abin est gouverneur de la haute et basse Marche, tous les bons François de la province se réjouissent d'avoir un si sage et si vaillant gouverneur, qui de sa part nous mandoit qu'il nous verroit bientôt avec des forces pour nous assister si nous en avions besoin.

M. le vicomte de La Guierche (qui tenoit la campagne avec sept à huit cents arquebusiers, trois cents chevaux et trois pieces de canon) ayant pris Saint-Savin, Belarbre et Le Blanc en Berry, pensa que, s'il devoit attaquer la Marche, comme il avoit toujours eu des intelligences et desseins particuliers depuis qu'il en avoit été dépossédé par feu M. de La Cote-Méziere, il étoit plus à propos de suivre ses victoires à cette heure-là que M. d'Abin n'avoit eu encore le loisir de recognoître le pays et y établir la sureté ; que l'armée du prince de Conti étoit licenciée et sa personne en Anjou, que non pas d'attendre une saison où toutes choses ne fussent pas pour luy disposées à souhait comme elles étoient : joint que la pluspart des habitants des faubourgs de cette ville étoient allés ou avoient écrit au sieur vicomte pour l'assurer que rien ne s'opposeroit à ses conquêtes, se promettant d'autre part que la ville de Magnac seroit à sa dévotion, il se résolut (suivant le jugement que vous en aviez toujours fait) d'attaquer premierement cette ville de Bellac tant pour la commodité des faubourgs plus grands et plus logeables que la ville, que parce qu'elle est moins forte et plus divisée que celle du Dorat ; et vint en cette résolution se loger sans aucune résistance à Magnac, distant de trois lieues de cette ville et d'une lieue du Dorat.

Je vous en donnai avis, et le sieur de La Salle, qui étoit à Limoges, pria M. le vicomte de La Voulte de luy bailler quelques arquebusiers pour jeter icy dedans, n'espérant pas qu'il fût possible à M. d'Abin, notre gouverneur ( ne faisant fraîchement qu'arriver de la cour avec son train en son château de Prulli), de nous pouvoir donner si promptement secours, de tant même que l'ennemi étoit sur les chemins entre luy et nous, et qu'ils s'étoient par deux fois saisis de nos lettres ; vous vîtes de quelle affection ledit sieur comte s'employa pour nous envoyer des hommes, et vous prîtes la peine d'en écrire en divers lieux ; mais, soit que les bons soldats fussent rares en cet intervalle, ou que cette ville fût en réputation d'être trezmauvaise, il ne s'y en trouva un seul qui voulut s'y engager, fors que le sieur Chaumaray-l'Estropiat, qui s'y vint jeter aussi librement comme il avoit promis, et fort à propos comme vous l'entendrez.

Ainsi le sieur de La Salle, que nous attendions, nous

devoit mener des soldats : comme il avoit des munitions de guerre, s'en revenant tout seul avec des lettres que M. le comte de La Voulte et vous écriviez au sieur de Bermontret pour le prier de venir nous assister avec sa garnison de Touron, il sçut en chemin que ledit sieur de Bermontret avoit été tué dans une embuscade, ainsi qu'il s'en alloit au Dorat qu'il pensoit devoir être le premier assiégé : de façon qu'il sembloit que tout conjurât la ruine du pauvre Bellac ; car, s'il étoit difficile au sieur de La Salle d'y amener des troupes, il nous l'étoit bien autant d'y en retenir, ne pouvant, de quarante à cinquante soldats qu'il y avoit en garnison, en resoudre plus de vingt-trois ; encore étoient-ils la pluspart ou de la ville ou des faubourgs.

Le sieur vicomte de La Guierche, arrivé à Magnac le mercredi huit jour de may, fit une lettre qu'il envoya le lendemain par un trompette aux habitans de cette ville, leur promettant merveille de son amitié s'ils vouloient le recognoître pour leur gouverneur, et les menaçant de ruine s'ils s'opiniatroient au contraire.

Cette lettre arrivée haussa le courage à nos habitans rebelles du faubourg, qui, plus en nombre trois fois que nous ne sommes, avoient dressé plusieurs parties pour surprendre notre portail (qui est tout environné du faubourg, et la principale forteresse de cette ville), et pour se saisir des personnes des sieurs de La Couture et de La Salle ; s'efforçans de les attirer dehors sous autre prétexte en lieu où ils pussent exécuter leurs desseins, tantôt de les entretenir de discours pendant qu'ils logeoient l'ennemi es maisons qui commandent ledit portail. Mais nous, qui ne doutions nullement de leurs méchantes volontés, nous tenions sur nos gardes, retirans au péril de notre vie toujours quelques nécessités au dedans, en démolissant ce qui pouvoit nous plus nuire au dehors jusqu'à ce que l'ennemi fût à notre vue.

Aprez quelque escarmouche, qui ne fut pas grande à cause que leurs maisons commandoient à plomb sur les nôtres du côté dextre de notre portail, nous voilà bloqués de ce côté-là. Le jeudi 9 jour de may, de 4 à 500 hommes portans armes qu'il y a dans cette ville, nous ne nous trouvâmes de renfermés que 80, et 25 manœuvres, et les 23 de la garnison. Le surplus nous étoit contraire ou tellement inutile que, sitôt que le canon eut joué, nous ne reçumes un seul avertissement par leur moyen : mais au contraire étoient plus animés contre nous que les étrangers.

Tout ce jour-là et le lendemain 10 may se passerent à retrancher les endroits plus foibles, à donner les quartiers, assurer les habitans, les faire resoudre à soutenir le siege, et mettre l'ordre nécessaire entre nous.

La plus grande nécessité d'armes que nous aïons étoit de piques, car nous n'en avions une seule ; qui fut cause que nous fîmes accommoder promptement et grossièrement de longues perches, les faisans ferrer de vieux fers de lance, jusqu'à 24 qui nous servirent bien depuis.

Nous fûmes obligés de faire défenses à peine de vie de parler à quiconque ce fût par dessus les murailles, et commandâmes que l'on tirât à tout ce qui se présenteroit ; de tant que chacun des habitans avoit un fils, un frere, une sœur ou autre proche qui venoit à toute heure pleurer notre ruine assurée sur le bord du fossé ; nous sollicitans et prians à mains jointes de nous rendre plutôt que d'encourir le péril dont on nous menaçoit.

Ce jour nous fûmes avertis que M. d'Abin étoit arrivé au Dorat : il luy fut envoyé par le sieur de La Salle un homme fidéle pour demander des soldats jusqu'au nombre de 50.

Le samedy 11 mai les préparatifs de la batterie paroissent avec le jour. Le vicomte et son canon (qui étoit un gros canon de batterie, une couleuvrine roïale et une moïenne) arriverent dans le faubourg; le sieur de La Cotte d'Aubepeyre demande à parlementer de la part de l'ennemi, ce qui lui est refusé.

En cette journée les affaires de cette ville furent en grand doute; car les habitans, étant ébranlés de ne voir arriver aucun secours ny réponse de M. d'Abin, fesoient des assemblées particulieres de quatre et de six hommes; et après s'étans assemblés en plus grand nombre, vinrent dire à M. de La Couture qu'ils avoient résolu de ne tenir contre le canon; que la place n'étoit pas munie d'hommes, et qu'il leur en alloit de la corde. Le sieur de La Salle, oïant ces paroles, met l'épée à la main, la porte à la gorge de celuy qui parloit pour les autres, dit que ce n'étoit pas à eux de résoudre mais d'obéir aux résolutions de leur capitaine, menaçant de tuer (comme poltrons) tous ceux qui ne voudroient mourir en gens d'honneur.

Je fus chargé d'appaiser ce trouble, et, pour y parvenir, je suppose une lettre par laquelle M. d'Abin mandoit qu'il devoit envoyer bientôt du secours. Dieu permit que cette supposition se changeât en vérité; car, le lendemain dimanche, au point du jour, le sieur de Chaumeray, le sieur de La Faye, les capitaines La Ferté et La Vallée, avec vingt-trois arquebusiers, fesant en tout vingt-sept hommes, sont conduits par La Robertierre, jeune soldat du sieur de La Salle, qui l'avoit, le vendredy précédent, envoyé vers M. d'Abin, se jettent dans l'eau jusqu'à la ceinture, et se rendent à une de nos portes sans perte et sans blessure d'un seul homme. Dieu sçait comme ils furent reçus de tout ce qui étoit céans, et combien de louanges et de bénédictions furent données. Certes on ne pouvoit faire assez d'honneur à cette petite troupe, car elle en a tant acquis en ce qui s'est passé depuis qu'il n'est pas possible d'en mériter davantage; et, s'ils ne fussent arrivés ce jour-là, c'étoit fait de nous; car nous n'eûmes pas plus tôt entré en conseil, ordonné des quartiers où seroit disposé le secours, et où on feroit plus fort les retranchemens, que le canon commence à battre furieusement; il continua depuis neuf heures du matin jusqu'à quatre heures du soir, que l'ennemi donna. Nos défenses étans en partie abattues, et presque abandonnées aux deux côtés de la batterie, l'ennemi vient à la sape, fait de grands trous au pied de la muraille où il avoit battu, y loge cinq pétards, les fait jouer, et renverse douze pas de muraille, dont il comble tellement le fossé que l'on y pouvoit venir de plain pied; et, pour la promptitude qu'il y voulut apporter, se hâta tellement qu'il y demeura bon nombre de ses soldats accablés sous les ruines. Cela fait, l'ennemi fait sonner l'assaut de tambour et de trompette : tout y vient comme à une victoire assurée, sçachant bien le peu d'hommes que nous étions. L'infanterie et la noblesse donnent généralement à cette brèche avec un bel ordre, crians : Catholiques, à part! catholiques, à part! pensans par là que ceux qui s'étonneroient dussent prendre prétexte de meilleurs catholiques pour faire les poltrons; mais cette vieille drogue éventée fut repoussée, avec ceux qui étoient entrés dedans, par de bonnes arquebusades, bons coups de mains et de pierres.

Je vous prie, Monsieur, de noter ce que je vais raconter, qui est une merveille presqu'incroïable : j'entends sur la comparaison du grand échec qui fut faict de nos ennemis par le petit nombre des tenans, dont voici l'ordre :

Le sieur de La Faye étoit au front de la brêche avec dix arquebusiers, couvert d'une assez forte barricade pour tout retranchement ; car ce lieu-là étoit sur le roc, et ne se pouvoit autrement retrancher. Au haut de la brêche, sur la courtine à main senestre, étoit le sieur de La Couture avec une pertuisane en main, et suivi de trois soldats seulement ; le sieur de La Salle, une pique en main, le consul Lavallée et deux soldats seulement défendoient la main dextre. Quelques arquebusiers avoient été logés dans les maisons qui commandoient sur la brêche par le sieur Chaumaray, qui, allant d'une brave assurance sur la muraille de quartier en quartier, donnoit courage à chacun, et faisoit maintenir l'ordre partout, visitant à toute heure l'endroit de l'assaut, qui dura depuis quatre heures jusqu'à sept du soir ; la charge étant par trois fois recommencée sans aucun rafraîchissement de notre côté, de quoy nous étions fatigués qu'il n'étoit possible de plus ; je dis nous (les autres consuls avoient pris le parti de l'ennemi), car j'eus l'honneur d'y rendre mes devoirs, et de prouver à ma patrie et à mon roy mon zéle pour leur service en marchant sur les traces des Genebrias, mes peres et aïeux, qui les ont toujours servis en fideles sujets et en bons citoïens.

L'ennemi, se retirant avec grande perte d'hommes, cognut combien il s'étoit trompé de se promettre de nous emporter si aisément, et de penser que si peu d'hommes qui étoient céans n'eussent l'assurance de résister à un grand effort.

La nuit venue et les flambeaux allumés, ayant recognu sur notre brêche le grand nombre des morts, et revue faite entre nous qu'il ne s'y trouvoit un seul à dire, ains deux blessés seulement, nous admirâmes les effets de la bonté divine en notre assistance, jusques à dire qu'il étoit impossible que cet ouvrage fût de nos seules mains, et que ou Dieu avoit envoyé un ange pour défaire ce peuple, ou il leur avoit bandé les yeux pour s'entretirer, comme de fait en cette mêlée un de leurs capitaines, nommé La Poussière, qui s'avançoit des premiers sur la brêche, eut la jambe emportée d'un coup de leur canon.

Je vous dirai donc qu'en cet assaut quatre-vingts des ennemis du moins, et par la confession de leur capitaine, y demeurerent, sans les blessés en grand nombre, qui nous donna un trez-beau sujet de louer Dieu et de lui rendre grâce.

Cela fait, nous remparons la brêche et refesons nos défenses; nous perçons les maisons: nous fortifions nos retranchements, et nous préparons à recevoir le lendemain un autre effort.

Le lundy, sitôt que le soleil parut, la batterie recommence plus furieuse qu'elle n'avoit encore fait : le canon donne dans notre brêche, qu'il agrandit de trois grands pas, la muraille en cet endroit étant si mauvaise qu'elle tomboit fort aisément; puis ils commencerent, à trente pas de celle-là, de faire une autre brêche qu'ils eurent faite de douze grands pas dans le midy. Le sieur Feydeau prit la défense de cette brêche, accompagné de cinq soldats seulement et de ses deux enfans; desquels le canon luy en aïant estroprié trois, il resta luy cinquieme en cette défense, et n'en demanda pas davantage, pour le besoin d'hommes qu'il cognoissoit être partout ailleurs, et l'assurance qu'il avoit des siens; il usa de telle diligence à remparer à mesure que l'ennemi battoit, et y fut si bien assisté par les femmes, que l'on ne pouvoit aisément venir à l'assaut, bien que la muraille fût abattue par le pied.

Cette seconde brêche étant raisonnable et l'autre accrue comme dessus, environ l'heure du midy, l'ennemi donne assaut général de toute son infanterie et la plupart de la noblesse, tant aux deux brêches qu'en trois autres endroits à l'escalade. Nous invoquons Dieu, prians sa bonté de nous assister en si juste défense, et puis chacun en son endroit se résolut de mourir en combattant, ou demeurer victorieux.

L'ordre pour la défense de la premiere brêche fut celle semblable à celuy du jour précédent, fors que l'on avoit logé La Vallée avec huit arquebusiers entre les deux brêches pour secourir celle des deux qui seroit la plus chargée. Feydeau étoit sur la seconde, une pique à la main, qui fit merveille, assisté de cinq soldats seulement et d'un courageux paysan pour ruer des pierres. Cet assaut fut donné d'un meilleur ordre que celuy du jour précédent, et soutenu d'une plus brave assurance. Lecluseau, Loyrmorin, Mortagne, Cursay, La Croix, qui étoient naguere sortis de Chartres, et toutes leurs forces de pied et de cheval, y étoient, les enseignes déployées; la trompette et le tambour sonnerent l'assaut, et toutes les cérémonies de la guerre y furent faites. Mais, s'ils firent en gens de guerre de leur côté, nous fimes en gens résolus du nôtre, les attendans de pied ferme sans tirer, jusqu'à ce qu'ils furent sur la brêche. L'ordre et les cérémonies de l'ennemi furent belles, la hardiesse grande à venir de toute part à l'assaut; son opiniâtreté fut de durée plus d'une grosse heure pour franchir les brêches, et, jusqu'à ce que leur perte et notre courage alloient toujours croissans, désespéré d'y entrer, il se seroit retiré en plus mauvais ordre et avec moins de cérémonie qu'il n'y étoit venu, y laissant de ses morts pour cette fois un cent pour le moins. Je puis dire sans vanterie qu'en cette journée il ne se remarqua pas une seule faute en tous les quartiers de céans; l'ordre et le silence y furent trez-bien observés, comme aussi pendant tout le siége, auquel M. le vicomte et les siens ne peuvent dire qu'il leur ait été dit une fâcheuse parole, ni tiré une agréable arquebusade.

Ces deux furieux assauts soutenus, l'ennemi commence à perdre courage, et nous, rendans grâces à Dieu, à devenir plus assurés. Nous ne partons jour et nuit de dessus la muraille, y fesans notre table et notre lit.

Le mardy et la nuit suivante se passerent à fortifier entre les deux brêches où il y avoit apparence que l'ennemi dût battre pour y faire une brêche qui assemblât les deux autres à celle-là; nous avertissons M. d'Abin de ce qui s'étoit passé, lui renvoyons notre premier conducteur de secours, le prians de nous en renvoyer de frais, d'autant que nous étions si fatigués du travail et des veilles pour le peu de gens que nous étions, au regard de ce qu'il falloit pour garder cette ville, qu'il n'y avoit moïen de défendre une autre brêche lorsqu'elle seroit faite.

Le mercredy l'ennemi interpose un homme pour parlementer : nous n'avions point nouvelles de M. d'Abin, qui fut cause que, sur les propositions de capituler qui furent faites de la part de l'ennemi, nous demandâmes permission de passer un honnête homme jusqu'au Dorat vers M. d'Abin, et terme de vingt-quatre heures pour répondre auxdites propositions; ce qui fut accordé et cessation d'armes d'un et d'autre côté. L'intention de l'ennemi étoit de couvrir sous cette trêve son défaut de munition, et de recognoître plus aisément nos murailles et nos hommes, en attendant qu'il reçût sesdites munitions qu'il avoit envoyé quérir. Notre désir au contraire étoit d'envoyer homme de créance à M. d'Abin par qui nous le puissions assurer de nos nécessités, et avoir cependant le temps de nous remparer.

Durant cette trêve il ne nous est parlé par-dessus les murailles, soit de la part des ennemis ou de nos lâches citadins, d'autre chose que de la capitulation des Taillefer. On nous représente des cordes, des bourreaux, des gibets, nous pensans étonner; mais ces menaces et leurs injures étoient autant d'aiguillons pour animer notre courage, et autant de raisons pour nous résoudre à la mort plutôt que de tomber entre leurs mains.

Notre homme de retour, les vingt-quatre heures passées, et le conseil assemblé sur ce que nous mandoit M. d'Abin, il fut fait réponse à l'ennemi que nous étions fort aises, de quoy la volonté de notre gouverneur s'étoit trouvée conforme au désir que nous avions tous de défendre cette place jusqu'à l'extrémité, que tout ce qui étoit dedans avoit résolu de mourir en gens d'honneur, et non de capituler.

La trêve rompue le jeudy 16 may, l'ennemi tire de la moïenne aux défenses de notre portail, que nous fesions de barriques et de sacs toutes les nuits; les boulets, en attendant les autres, étoient d'un morceau de fer au milieu, et la superficie de plomb; il en fesait tailler de pierre pour servir à toutes les pieces. Ce jour, la nuit suivante et le vendredy, tant à la faveur de la nuit que du canon qu'il tiroit sans cesse à tous les côtés de notre grand portail (qui est la plus grande et la plus forte piece de cette ville), les ennemis, qui s'étoient logés dés les premiers jours sur le bord du fossé dans une maison vis-à-vis d'une des tours dudit portail, et si prez qu'ils pouvoient y atteindre avec leurs longues piques, commencerent de construire un pont de barriques couvert de gros madriers, à l'épreuve des quartiers de pierre, pour venir, à couvert comme d'une casemate, de ladite maison au travers du fossé, gagner le pied de notre portail, et venir à la sape. Nous tenions tous que ce pont s'étoit commencé pour venir sur la brèche, et qu'il se fesoit à l'imitation de celui que fit faire M. de Chatillon devant Chartres, où le capitaine La Croix, qui depuis étoit venu trouver ledit sieur vicomte avec sa compagnie, avoit recognu, étant dans ledit Chartres, de combien ce pont leur avoit porté de dommage ; mais celuy-ci fut inutile à nos ennemis, comme vous le verrez ci-après.

Ce jour nous fûmes avertis que M. d'Abin et autres seigneurs, qui étoient en campagne pour prendre les munitions de l'ennemi, avoient failli à les rencontrer, et qu'il en étoit arrivé beaucoup dans nos faubourgs. Du depuis le mercredy jusqu'à ce jour l'ennemi remua sa batterie, s'approcha de nos murailles de la moitié de ce qu'elle étoit auparavant, et, pour nous amuser, fait pointer son canon et sa couleuvrine vers un endroit où ils n'avoient point intention de donner : quant à la moïenne, ils la remuoient tous les jours de place.

Ce jour-là nous fûmes en quelque doute de ce qu'il arriveroit de ce siege, car l'ennemi, ayant reçu de la munition et remué la batterie, pouvoit infailliblement faire une nouvelle ouverture à nos murailles, que nous ne pouvions garder, n'étant pas seulement assez pour garder celles qui étoient faites, et border à demy le reste de nos murailles. L'ennemi recevoit tous les jours des forces : la pluspart de la noblesse de la Marche tenant son parti l'étoit venu trouver; Le Teyrat y avoit mené des soldats : il avoit alors de quinze à seize cents arquebusiers et quatre à cinq cents chevaux. La Chapelle-Biron, qui étoit allé vers le sieur de Pompadour, dut bientôt venir le joindre cy-devant et trois pieces de canon. Quelques villes du pays plus fortes que celle-cy se pratiquoient, et parloient de se rendre au même jour que nous serions pris. Nous ne sçavions point de notre côté nouvelles certaines de M. d'Abin, qui, ne voulant mettre au hazard le secours qu'il nous préparoit, n'avoit trouvé bon de nous assurer du jour qu'il pouvoit arriver ni de quels hommes il seroit.

Le conseil assemblé là-dessus, nous résolûmes d'attendre l'effort que l'ennemi préparoit de nous faire, et de le soutenir, pourvu que chacun des habitans fût aussi resolu de combattre comme étoient les étrangers. Le sieur de La Salle, qui avoit plus de créance parmy les habitans que tout autre, fut député pour aller à tous les corps-de-garde faire entendre la résolution prise, et là-dessus sçavoir la leur; ce qu'il fit; mais, craignant qu'il se trouvât quelque discorde en leurs résolutions, il usa d'une feinte qui depuis a été louée : ce fut de dire aux habitans que les étrangers qui étoient en cette ville avoient reçu, la nuit précédente, une lettre qui leur promettoit un secours infaillible et bref, et que eux, ambitieux de tirer tout l'honneur de ce siege de leur côté, avoient caché cette lettre, et fait ce jourd'hui assembler le conseil; auquel, mettans toute chose en doute, ils avoient néanmoins arrêté d'exposer leur vie pour la ville, en condition que les habitans voulussent, chacun en leur quartier, mourir en gens de bien. Ils veulent sonder, disoit-il, votre courage, et en faire leur profit, si vos paroles bailloient à cognoître que vous en manquez ; mais le moyen de tromper cette ruse ambitieuse est de se montrer toujours ferme, comme vous avez fait, et faire une résolution qui ne céde rien à celle des gens de guerre.

Les habitans font réponse que, secourus ou non secourus, ils étoient en volonté de mourir en défendant leur honneur, leur vie et leurs biens; qu'ils avoient vu la bête, qu'elle n'étoit plus si mauvaise depuis qu'ils lui avoient rogné les ongles. Ainsi fut conclud de se défendre.

Le samedy 18 may M. de Bernay, fils puîné de M. d'Abin, âgé de 17 ans, accompagné de vingt cuirasses et du capitaine Bois, avec vingt soldats envoyés du Dorat par mondit sieur d'Abin, et guidé par notre premier conducteur de secours, sans perte d'aucun homme, au travers de la riviere de Vincou, qui passe contre cette ville, entra par la porte de La Prade au grand contentement de tous ceux qui étoient céans, tant pour la nécessité que nous avions de ce renfort que du témoignage qu'il nous étoit de la bonne volonté de notre gouverneur, qui ne pouvoit mieux la faire cognoître qu'en nous envoyant son propre fils, et par là s'engager à la défense de cette ville.

Le sieur de Bernay étant en cette ville prit aussitôt de lui-même, et sans en parler au sieur de La Couture ou à aucun de ceux qu'il avoit trouvés en la place, et le pensant pouvoir ainsi faire de son droit comme fils de nôtre gouverneur, toute l'autorité de commander pardessus le sieur de La Couture, qui ne voulut pas y contredire.

Le dimanche matin l'ennemi battit de sa moïenne, et continua jusqu'au soir dans le pont-levis de notre portail, pour s'y venir loger et poser le pétard à notre porte.

Nous remplissons cet intervalle de fascines, y laissant seulement une petite casemate à loger trois hommes en un coin que le canon ne pouvoit voir.

Le soir l'ennemi nous fait paroître un grand mantelet

sur quatre roues, capable de loger dix hommes armés. Nous jugeâmes incontinent que c'étoit ce que nous entendions tant charpenter les jours précédens, et que c'étoit un de ces engins qu'ils disoient devoir nous faire rendre à la premiere vue. En diligence ils roulerent ce cheval de bois jusqu'auprez du fossé de notre pont-levis, duquel l'ennemi fait couper les chaînes à coups de canon, le pensant abattre, et rouler le mantelet par-dessus pour venir se loger au bas du portail. Mais leur dessein fut vain, car nous avions attaché le pont à ses brancards avec des tire-fonds; de sorte qu'il ne put être abattu, et fimes tirer dans le mantelet de si bons coups d'arquebusade à croq que, comme il y en eut qui percerent, ceux qui étoiont dedans gagnerent au pied sans plus y revenir.

La nuit d'entre le dimanche et le lundy, le pont couvert ou casemate des ennemis dont a été parlé ci-dessus étant continué jusqu'au pied de l'une des tours de notre portail, ils y vinrent à la sape le lundy matin, et tirerent au haut de deux pieces de canon, afin que, ne pouvant y habiter, nous ne pussions ruer des pierres sur ledit pont, qui d'ailleurs étoit couvert de madriers fort épais.

L'ennemi étoit bien averti par ceux du faubourg qu'il y avoit une fosse au bas de la tour qu'on sapoit, et que sur la fosse il y avoit trois voûtes en trois étages consécutifs qui ne prenoient beaucoup de vent : c'est pourquoy ils avoient dessein de percer ladite tour, y mettre une grande quantité de poudre, et la faire sauter avec tout le portail en pieces : ce qui se pouvoit faire si nous n'y eussions remédié en cette sorte.

Nous remplissons la fosse de fascines plus haut par le dedans que n'étoit par le dehors l'endroit de la sape de l'ennemi. Cela fait, nous éventons les trois voûtes jusqu'à la couverture; mais l'ennemi, qui ne sçavoit pas que sa mine fut découverte, et qui peut-être espéroit de pouvoir mettre la tour sur le pilotis, continua de travailler jusques sur les vêpres que nous ouvrîmes une muraille entre le pont-levis et près de la tour du portail, à l'endroit de la petite casemate que nous y avions faite comme a été dit, et, par cette ouverture, contre laquelle étoit fait le pont couvert de l'ennemi, les nôtres venans aux mains avec ceux qui sapoient, en tuerent deux, et renverserent quelques bois du pont, qui demeura aussitôt abandonné de l'ennemi, quoy voïans nous fimes jeter de la paille et du bois, et y allumâmes le feu, que nous y entretînmes nuit et jour jusqu'à ce qu'il eût consumé le pont couvert et la maison qui le joignoit; ce qui nous servit d'autant plus que l'ennemi voïoit de là par-dessus nos murs ce qui se passoit dans notre ville, et nous incommodoit furieusement par un feu continuel qu'il fesoit sur nous de leurs mousqueteries.

Le mercredy et le jeudy, jours des Rogations, le canon joua de furie en un endroit que nous n'avions nullement prévu qu'il dût battre, parce que la muraille y étoit terrassée jusqu'à la courtine ; cet espace étoit tellement commandé au dedans à droite et à gauche, soit du canon ou des mousquets, que nous fûmes contrains d'attendre la nuit pour y faire une tranchée au long, une épaule en flanc, et des barricades prez à prez au travers de la tranchée pour se loger dedans ; mais c'étoit une longue besogne en si courte nuit et à si peu de gens qui voulussent travailler.

A la faveur de leurs canons, les ennemis, qui s'étoient logés de l'autre côté, dans des tanneries couvertes, le long de la riviere, assez prez de la muraille, y vinrent à la sape, où ils travailloient avec tant de diligence et les deux jours et la nuit qu'ils pouvoient se cacher dans le pied et corps de la muraille jusqu'à trente hommes, et n'étoit pas à notre pouvoir de les offenser, encore que nous refissions de nuit tous nos flancs avec des barriques.

Le vendredy l'ennemi avoit déjà mis la moitié de l'épaisseur de la muraille sur le pilotis de bois en l'étendue de plus de cinquante pas.

Ce jour-là, les deux précédens, et presque tous les autres, soit que l'ennemi le fist pour nous fatiguer, ou pour tenter un assaut pour la troisieme fois, il se tint presque toujours en armes; mais, tant de fois qu'il paroissoit en ordre pour venir, nous le fesions retirer; il essaya une escalade dans un endroit escarpé entre les tanneries et le pont de Chapterie. Je fus chargé de la défendre; quinze de leurs plus braves furent noyés dans le Vincou.

Cette sape nous fâcha plus que tout, car, la muraille venant à tomber, comme il étoit fort à craindre, nous ne pouvions plus recourir qu'à des retranchemens qui ne pouvoient se faire en cet endroit que d'une grande étendue, où il eût fallu pour le moins cinquante arquebusiers pour les défendre : nous n'avions pas ces hommes pour les y mettre, et n'avions point sçu nouvelle du soldat que le sieur de La Salle avoit renvoyé le mercredy au soir vers M. d'Abin l'avertir de ce qui s'étoit passé, et le prier de nous renvoyer quarante ou cinquante hommes de renfort.

Il y eut le vendredy une grande diversité d'opinions parmi nous : les uns, qui vouloient capituler, prouvoient par beaucoup de raisons que l'ennemi nous forceroit ; les autres, qui étoient de contraire avis, soutenoient que nous pourrions être secourus devant que l'on nous sût prendre ; ceux-ci vouloient mourir pour garder la ville ; ceux-là la vouloient rendre, afin qu'ils ne mourussent point; il y en avoit d'autres qui étoient d'avis de parlementer et faire une trêve, mais non de capituler.

Tant y a qu'en ce débat, sans le résoudre, et peut-être pour abuser l'ennemi, après que le sieur de La Couture eut fait demander à parlementer, et tiré un gentilhomme au dedans pour sa sûreté, de l'avis dudit sieur de Bernay et de plusieurs autres qui étoient venus avec lui, le sieur de La Couture sortit pour capituler environ sur le midi.

Trois heures aprez, luy de retour, le gentilhomme qui étoit pour ôtage rendu, se proposerent les articles d'une fort belle capitulation, à quoy le sieur de La Salle, le consul, ny habitans, ny même les étrangers du premier secours ne voulurent consentir.

La capitulation est extrêmement précipitée tant par l'ennemi que par ceux des nôtres qui la vouloient ; elle est concluë entre eux et l'ennemi, quoi que pussent alléguer ceux qui ne la vouloient pas ; toutefois, les habitans n'en étant point d'accord, l'article qui les concernoit demeura irrésolu, et ne voulurent donner aucun ôtage d'entre eux ; par ainsi, la nuit survenant, la capitulation demeura imparfaite jusqu'au lendemain qu'elle devoit être exécutée.

Dieu commende aux armées, et dispose des événements de la guerre ; les hommes ne sont que les instruments de sa volonté, et défont bien souvent eux-mêmes ce qu'ils pensoient faire par autrui. Certes sa divine bonté en montra bien des exemples en cette journée, en laquelle nous arrivâmes fort près de notre ruine, et s'y passa des choses étranges que, pour beaucoup de respect, je ne puis écrire. Je dirai bien que, sans le secours qui nous arriva le lendemain au point du jour, nous étions perdus ; car, soit que nous nous fussions divisés, et peut-être entretués pour ne pas exécuter la capitulation, ou qu'elle eût été tenue, toujours étoit-ce notre ruine ; mais Dieu par sa grâce y pourvut, et nous renvoya par la même porte qu'étoient entrés les deux précédens renforts le brave secours que vous entendrez.

M. de Chamberet, qui, au bruit de ce siege, sur la priere que luy en avoit envoyé faire M. d'Abin, avoit assemblé en Limosin le plus de ses parents et amis qu'il avoit promptement pu joindre, et s'en étoit avec vingt cuirasses venu premierement à Limoges s'aboucher avec M. le vicomte de La Voulte, qui luy avoit baillé le sieur de Pierregourde, commandant à quinze cuirasses et quarante arquebusiers à cheval, avec les soldats de la garde dudit sieur et quelques volontaires dudit Limoges, s'achemina avec toute cette troupe, fesant le nombre de quelque 50 cuirasses et 60 arquebusiers à cheval, trouver ledit sieur d'Abin au Dorat, où aïant demeuré quelques jours, et considéré que les forces de M. d'Abin, assisté de M. de Beaupré et de la noblesse du pays seulement, étoient suffisantes pour garder Le Dorat, il se résolut de participer au péril où nous étions, et se venir jeter dans cette ville, partit pour cet effet le vendredy au soir, accompagné de deux vicomtes (de Châteauneuf et de Montbas), de deux barons (de Lestange et de Marval) et autres seigneurs et gentilshommes, la plupart ses parens ou alliés, au nombre de soixante cuirasses et quarante soldats, qui se mirent tous à pied à demi-lieue de la ville, et, guidés entre les corps-de-garde de l'ennemi et au travers la riviere, arriverent une heure de jour en cette ville sans perte d'un seul homme, et sans y avoir que deux blessés. Ils étoient partis du Dorat sçachant que nous avions nécessité de force, mais ne sçachant rien de la capitulation. Le nouveau secours reçu avec la joie et les louanges à Dieu que vous pouvez penser, les brêches et la sape recognus par M. de Chamberet, il jugea incontinent que nous ne pouvions être forcés si nous voulions travailler.

Tous les seigneurs, gentilshommes, soldats et habitants qui étoient en cette ville prenoient telle créance de ce brave cavalier que nous n'avions pas opinion qu'il fût possible à M. Dumaine de nous forcer avec tout l'arsenal de Paris et toutes les forces de la ligue.

A la vérité, sitôt qu'il fut entré, les commissaires que nous avions dés le commencement établis pour les vivres, pour les munitions, pour la fourniture des remparts et autres choses nécessaires, exerçoient leurs charges avec un soin, avec un ordre et une diligence qui n'avoient pas encore été observés : tout y alloit d'une autre coutume.

Il fut d'avis en premier lieu que le commandement de la place fût rendu au sieur de La Couture comme capitaine d'icelle; ce qui fut fait, et donna ledit sieur de La Couture le mot depuis.

L'ennemi, feignant ignorer que personne fût entré céans, fait demander, sur les neuf heures du matin, à ceux qui avoient fait la capitulation s'ils la vouloient tenir ; à quoy, de l'avis de M. Chamberet et conseil là-dessus assemblé, fut fait réponse par le sieur de Bernay que luy qui seul avoit signé la capitulation n'avoit nul commandement dans la place; ains que c'étoit le sieur de La Couture ; que l'article qui concernoit les habitans n'avoit été réformé comme il avoit été dit et écrit, lesquels habitans avoient, sur l'irrésolution dudit article, reçu un beau secours avec lequel et autres étrangers ils s'étoient résolus de ne point capituler, s'étans rendus les plus forts par le moïen dudit secours qui leur étoit ce matin arrivé; qu'il n'y avoit moïen de les contraindre, mais que luy et tous ceux qu'il avoit menés en cette ville étoient prez de sortir de la place sitôt qu'ils auroient assurance que leurs ôtages seroient entre les mains de M. d'Abin comme il avoit été dit. L'ennemi fait tirer là-dessus, et rompt la trêve.

La nuit revenue (car le lieu étoit si commandé qu'il ne s'y pouvoit travailler de jour qu'à la vue de l'ennemi), M. de Chamberet barricade et pioche, et, à son imitation, chacun met si bien la main à l'œuvre que nous eûmes fort avancé nos retranchements le dimanche au point du jour.

L'ennemi recommence sa batterie de bon matin, et continua lentement tout le jour du côté qu'il avoit sapé ; sur le soir il sort des tanneries cinquante, tant arquebusiers que manœuvres, pour venir à la sape : ils sont repoussés par nos arquebusiers ; toutefois, à la faveur de la nuit, ils entrent dans la muraille cinq ou six rateurs avec des outils pour travailler.

M. de Chamberet est d'avis que l'on sorte à eux par une échelle, ce qui est exécuté par le sieur de La Couture et Feydeau assistés de cinq soldats ; ils descendent, tuent cinq rateurs, recognoissent la sape être grande, remontent sans perte.

Cette nuit, le lundy et la nuit suivante fut fait, de l'invention dudit sieur de Chamberet, entre autres, un puits contre la muraille en dedans pour faire un trou au fond d'icelle, et sortir au pied de ladite muraille par dehors, qui servît à deux effets : l'un pour faire des sorties sur l'ennemi, l'autre pour faire par dehors une barricade en forme de casemate qui flanquât le long de la muraille ratée. Ce fut une invention d'autant plus gentille que le trou fut ordonné d'être fait au lieu qui ne pouvoit être vu du canon. Mais l'ennemi rompit ce dessein et plusieurs autres que nous avions faits sur luy; car, le mardy matin vingt-huit jour de may et vingt-deux du jour du siege, il plie bagage, et déloge au point du jour, aïant dès le soir été assuré que M. de Chamberet étoit céans, et, d'autre côté, que monseigneur le prince de Conti nous venoit secourir avec une extrême diligence d'une armée de deux mille hommes et trois pieces de canon.

Il faut confesser que ce prince étoit poussé d'un zéle et guidé d'une affection qui ne sont pas communs, ou plutôt il faut dire que Dieu lui permettoit de faire des choses impossibles pour chatier l'insolence des ennemis; car il vint des Ponts-de-Sée à Lussat-le-Château en six jours, où il y a plus de soixante et dix lieues, amenant son infanterie et son canon à telles journées que pourroient faire malaisement les chevau-légers.

Voilà les espérances de M. le vicomte de La Guierche rompues; son petit empire, qu'il tenoit déjà pour conquis, le voilà fort ébranlé. Il se promettoit d'avoir Confolens, Saint-Junien, La Souterraine, sans coup frapper, comme il avoit eu les villes de Magnat et Châteaupoinsat; tout se devoit rendre en la haute et basse Marche au seul récit de la cruauté qu'il devoit exercer à Bellac et celle qu'il avoit commencée à Saint-Savin; Limoges n'étoit plus entre Pompadour et luy qu'un petit exercice; il se concevoit déjà possesseur de tout ce qui est depuis Clermont en Auvergne jusqu'aux portes de Parthenay; mais Dieu, qui renverse les mauvais desseins, qui châtie ceux qui méconnoissent leur roy, rendit vaines toutes ses espérances, et fit que, au lieu de prendre Bellac qu'il pensoit faire rendre à la vue d'une seule de ses trois pieces de canon, ou de l'emporter sans doute au premier assaut, il fut contraint de se retirer à sa honte, et quitter cette petite ville la plus commandée qui fût en Guienne, après avoir causé un dégat horrible dans le faubourg, et, comme de préférence pour moy, rasé ma maison, brulé mes papiers et effets, et ravagé mon lieu de campagne de Maïard (1) et les terres en dépendantes qui se trouverent sur son passage. Il fit tirer dans ce siege quatre cent soixante-seize coups de canon, et y perdit, tant aux approches qu'aux deux grands assauts et escalades, de deux cent vingt à deux cent trente de ses meilleurs hommes, où y avoit des gentilshommes de marque, ne s'étant perdu, par la grâce de Dieu, de notre côté, seulement que sept soldats et deux païsans. Je ne le vis pas retirer de plus loin que se pouvoit étendre la vue de dessus nos murailles ; mais j'ai ouï dire à M. de Chamberet, qui lui fit l'honneur de le conduire avec M. de La Trimouille et autres seigneurs de l'armée de monseigneur le prince de Conti jusqu'à Chauvigny, que M. le vicomte de La Guierche avoit fait la plus belle dilligence pour un goutteux que capitaine sçauroit faire pour se retirer d'une bataille ; que dis-je ? se retirer, mais fuir honteusement, laisser son infanterie et son canon à gage à Montmorillon, où mondit seigneur le prince de Conti avoit mis le siege, battu et pris la ville de force, a taillé tout en piéces et gagné son artillerie ; repris sur ledit vicomte les villes et châteaux d'Availle, Le Blanc en Berry, St-Savin, Belabre, Le Bourg-à-Chambault, Chauvigny, Magnat, Châteaupoinsat, etc., jusqu'à une douzaine de places en moins de trois jours, en conséquence du bonheur que nous apportâmes à la défense de notre ville, et espérons, moïennant l'aide de ce bon Dieu, qu'il luy donnera bientôt de plus grandes victoires, augmentera sa gloire, et la honte des ennemis de cet état.

Mondit sieur d'Abin vint nous visiter et connoître par

---

(1) Le domaine de Maïard est sur la rive gauche du Vincou, à deux kilom. sud-ouest de Bellac ; on montre encore, dans l'un des bâtiments, des chevrons qui ont conservé des traces de l'incendie.

luy-même nos braves citoïens. Il partit sur-le-champ pour la cour instruire notre bon roy de cette glorieuse défense. Pour moy, je n'y ai fait que mon devoir, et, si dix mille francs de dédommagement m'ont été accordés avec un certificat d'honneur, tous les braves gens qui ont partagé avec moy leurs peines et travaux doivent avoir part aux mêmes récompenses : il ne seroit pas juste que je jouisse seul de ses bienfaits ; je vous prie de vous joindre à notre gouverneur pour leur procurer ce qu'ils méritent.

Voilà, Monsieur, le discours au vrai du siege de cette ville, qui a duré trois semaines, et qui a été la plupart du temps soutenu par la quatrieme partie des gens qu'il y falloit ; car, de quatre cents hommes qu'il y fesoit besoin, il n'y en eut que cent vingt durant les plus grands efforts, dont les trois parties étoient habitans comme vous avez entendu. C'est une merveille de Dieu : aussi luy en donnons-nous la gloire, et vous rendons grâce du secours que vous nous avez procuré, tant envers M. le comte de La Voulte, mondit seigneur de Chamberet, que les autres seigneurs et gentilshommes du Limousin, qui se jeterent céans pour nous délivrer de la servitude où nous allions tomber, pour le mérite de quoy nous et notre postérité prierons Dieu, Monsieur, qu'il vous donne trez-heureuse et longue vie. A Bellac, ce 28 juin 1591.

Votre trez-humble serviteur,

GENEBRIAS, seul consul de Bellac.

E.

Henry, par la grace de Dieu, roy de France et de Navarre, à tous présens et advenir salut. Nostre chere et trez-amée belle-sœur la royne Loyse, douairiere de France, nous a faict entendre que, de tous temps et ancienneté, nos chastellenies de Bellac, Dorat, Rancon et Champaignac, appartenances ou dépendances, estoient régies selon la costume de Poitou et Faut...., païs de Poitou, tout lequel a toujours ressorty en nostre cour de parlement de Paris, et que, du temps que feu nostre trez-cher et trez-honoré sieur et frere le feu roy Henry troisiesme jouissoit de ceste chastellenie pour partye de son assignat, les appellations de ladicte chastellenie de Bellac, Dorat, Rancon et Champaignac ressortissoient nuement en notre dicte cour, tant en matiere civile que criminelle, tout ainsi que les appellations des aultres juges de ladicte sénéchaussée de Poitou : ça néantmoingts, depuis son advenement à la couronne, et que les chastellenies auroient été baillées en assignat à la feu royne Elizabet, nostre belle-sœur, seroit intervenu quelque arrest provisional en nostre grand-conseil par lequel il auroit esté ordonné que, en matiere criminelle, ensemble en toutes causes ou dadicte royne Elizabet auroit interest, les appellations des juges et officiers de ladicte chastellenie ressortiroient en nostre cour de parlement à Paris, et, en matieres civilles, en nostre parlement de Bourdeaux, divisant, par ce moïen, la contenance des appellations et ressort desdictes chastellenies, ce qui apporte une si grande confusion entre les subjects et les habitans d'icelles qu'ils consomment la plus part de leurs moïens auprez du grand-conseil et ailleurs en reiglemens de juges, car, s'il survient incydemment, comme il faict ordinairement, une instance criminelle, ou s'il advient que ladicte exposante ou ses officiers se joignent en une instance criminelle, ses occurrans ordinaires apportent nouveaux différends de reiglement de juges par le moïen desquels, oultre la ruine cy-dessus, il est impossible aux particuliers d'avoir justice par l'empeschement, conflit et concurrance des procédures, deffenses, communications et condempnations d'amendes qui se font à la requeste de l'une ou de l'aultre des partyes en deux divers parlemens, tellement que l'expérience a monstré que celles emportent la ruine des pauvres subjects, et leur ostent tous moïens d'avoir justice. Nous requerant, attendu que ladicte exposante jouict de ladicte chastellenie en titre d'assignat, et que, par les mœurs et ordonnances de France ez terres qui seroient situées hors le parlement de Paris, elle pourroit avoir et establyr ung eschegvin afin que les appellations de ses juges ne ressortissent ailleurs que en nostre dicte cour et parlement de Paris, et que tout ce qu'elle tient en assignat a les priviléges de.... dont les appellations ne ressortissent jamais ailleurs qu'en nostre cour de parlement de Paris; et, attendu que, du temps que le feu roy en jouissoit en assignat, lesdictes appellations indifféremment et indistinctement en toutes matieres ressortissoient nuement en nostre cour de parlement de Paris, et qu'il n'est raisonnable que le ressort d'ycelles appellations demeure my party, veu le désordre et confusion qui en procede lui pourvoir en remede convenable. A ces causes, nous, désirant pourvoir et obvier a ceste confusion, soulager nos subjects et les relever de tous faicts et vexassions, remettant les choses et le ressort des appellations en l'estat auquel elles estoient du temps que nostre feu sieur et frere le roy Henry troisiesme jouissoit de cette chastellenie en assignat, nous disons, déclarons, voulons, ordonnons et nous plaist que toutes les appellations des juges officiers de ladicte chastellenie et païs de la basse Marche, en toutes matieres, tant civiles que criminelles, ressortissent nuement en nostre cour de parlement de Paris, et non ailleurs, à laquelle, en tout ce que besoing seroit, nous en avons attribué et attribuons toute cour, juridiction et cognoissance, et icelle interdite à tous avocas, juges et officiers tant cours de parlement que présidiaux de Lymoges, faisant deffense aux parties de ne relever lesdictes appellations ailleurs qu'en notre cour de parlement de Paris, et à tous les huissiers ou sergens d'exploiter et donner les intimations et assignations ailleurs *sur* peine de nullité et de privation de leurs estats, et ce nonobstant toutes choses ad ce contraires auxquelles nous avons desrogé et desrogeons et à la desrogatoire de la desrogatoire. Si donnons en mendement à nos amés et feaulx les gens tenans nostre cour de parlement à Paris, gens de nos comptes sénéchaulx de la haulte et basse Marche, les lieutenans et chastellains, et à tous nos aultres officiers qu'ils laissent, fassent lisre, publier et enregistrer, et du contenu d'icelles ils souffrent et fassent plainement jouir ma dicte belle-sœur la royne Loyse, douairiere de France, et nos dicts sujets de ladicte chastellenie sans leur faire ou donner aulcun empeschement, au contraire; car ainsi nous plaist y estre faict. Donné à Paris, le.... jour de janvier l'an de grace mil cinq cens quatre-vingts-quinze et de nostre regne le seixiesme.

ROBERT. — Volume concernant Le Dorat, feuilles 101-103.

F.

*Signe merveilleux apparu en forme de procession, arrivé près la ville de Bellac, en Limousin,* imprimé à Paris en 1621. — Il n'y a personne qui ait été vers la ville de Bellac, en Limousin, qui n'ait passé par une grande et trez-spacieuse plaine nullement habitée. Or, en icelle, quantité de gens dignes de foi et croyance, même le sieur Jacques Roudeau, marchand tanneur de la ville de Montmorillon, le curé d'Isgre, Pierre Ribonneau, Mathurin Cognac, marchand de bois, demeurant en la ville de Chauvigné (Chauvigny), étant tous de même compagnie, m'ont assuré avoir vu ce que je vous écris : 1° trois hommes vêtus de noir, inconnus de tous les regardans, tenans chacun une croix à la main ; 2° après eux marchoit une troupe de jeunes filles, vêtues de longs manteaux de toile blanche, ayant les pieds et les jambes nus, portans des chapeaux de fleurs desquels pendoient jusques aux talons de grandes bandes de toile d'argent, tenans en leur main gauche quelques rameaux, et, de la droite, un vase de faïence d'où sortoit de la fumée ; 3° marchoit, aprez celle-ci, une dame accoutrée en deuil, vêtue d'une longue robe noire qui traînoit fort longue sur la terre, laquelle robe étoit semée de cœurs percés de fleches, de larmes et de flammes de satin blanc et ses cheveux épars sur ses vêtemens. Elle tenoit en sa main comme une branche de cedre, et, ainsi vêtue, cheminoit toute triste ; 4° ensuite marchoient six petits enfans couverts de longues robes de taffetas vert, tout semé de flammes de satin rouge et de gros flambeaux allumés, et leurs têtes couvertes de chapeaux de fleurs. Ceci n'est rien, car il marchoit après une foule de peuples vêtus de blanc et de noir, qui cheminoient deux à deux, ayant des bâtons blancs à la main. Au milieu de la troupe étoit comme une déesse, vêtue richement, portant une grande couronne de fleurs sur la tête, les bras retroussés, tenant en sa main une belle branche de cypres, remplie de petits cristaux qui pendoient de tous côtés. A l'entour d'elle il y avoit comme des joueurs d'instrumens, lesquels toutefois ne formoient aucune mélodie. A la suite de cette procession étoient huit grands hommes nus jusqu'à la ceinture, ayant le corps fort garni de poil, la barbe jusqu'à mi-corps, et le reste couvert de peaux de chèvre, tenans en leurs mains de grosses masses, et, comme tous furieux, suivoient la troupe de loin. La course de cette procession s'étendoit tout le long de l'île jusqu'à une autre île voisine où tous ensemble s'évanouissoient lorsqu'on vouloit en approcher pour les contempler. Je vous prie à quoi tend cette vision merveilleuse, vous autres qui savez ce que valent les choses?... L'éditeur ajoute : « La mascarade dont parle le naïf écrivain eut lieu à l'époque du roman de l'Astrée, et c'était une société qui se divertissait à la manière des héros de Don Quichotte (1) ».

(1) *Diction. des sciences occult.*, publié par M. Migne, T. II, p. 845.
La plaine inhabitée dont on parle c'est évidemment l'espace compris entre Bellac et la Gartempe ; les îles où on crut voir les fantômes s'évanouir ne peuvent appartenir qu'à cette rivière. Le roman de galanterie nommé *l'Astrée* passionna pendant la première moitié du xvii$^e$ siècle les précieuses ridicules flétries par Molière.

G.

Nous donnons sous toutes réserves le portrait assez piquant des habitants de Bellac au commencement du xvii<sup>e</sup> siècle. Les lecteurs qui connaissent cette population religieuse, intelligente et active, trouveront les traits chargés. Pierre Robert y trahit son antipathie par des contradictions évidentes.

### Du naturel du peuple de Bellac.

Ceux de Bellac sont d'un naturel prompt et bilieux, disent tout ce qu'ils ont sur le cœur incontinent, et ne sont point fardés pour l'ordinaire ; ils sont bons mesnagers et œconomes, fort diligens et grands travailleurs, et qui ne demeurent jamais oisifs, graves, entrepreneurs, qui se imitent fort et aussi vantent fort leurs concitoyens, et jamais ne disent mal les uns des aultres, grands traficqueurs de toutes sortes de marchandises. Ils sçavent fort bien fere valoir leurs domaines, vignes et héritages. Respectueux envers leurs magistrats et officiers, sont bien disans, sont bons amis à ceux qu'ils affectionnent, ne dorment ni nuit ni jour pour travailler et gaigner leur vie, ne sont si superbes et glorieux qu'ils sont dans Le Dorat, se maintiennent tous extrêmement, et par leur grand travail gaignent de grands biens et moyens.

Mais, en constre eschange, ils sont fort séditieux et bavards, et ne peuvent guere tenir secret ce qu'ils sçavent, ne sont pas subjects à tenir parole, se trompent les uns et les aultres, et la perfidie y régne fort parmi eux, sont fort gourmands et amateurs de chair, et un homme de Bellac mangera plus de chair en un repas que trois ou quatre du Dorat. Ils sont fort téméraires, brouillons et chicaneurs (1), peu curieux de bonnes lettres, fort envieux les uns contre les aultres, trompeurs et adonnés aux tromperies, fort grossiers en leurs façons de faire, peu civils et courtois, fort factieux et malfaisans, subjects aux concussions, malpropres dans leurs logis, meubles et habits, grands buveurs et joueurs.

ROBERT, *Man.* d'après don Fonteneau, T. XXX.

(1) Un proverbe du pays disait de Bellac : *Belles prétentions, beaux procès.*

## NOTES SUR RANCON ET CHAMPAGNAC.

Dans les pages précédentes nous avons parlé si souvent de Rancon et Champagnac que nous croyons devoir ajouter un mot spécial sur ces deux châtellenies.

Le bourg de Rancon, situé sur la rive gauche de la Gartempe, à trois lieues nord-est de Bellac, dans une position pittoresque, est désigné, sous le nom d'*Andecamulum*, comme une ville du second ordre des Lémovices, par Ptolémée, Strabon et l'Itinéraire d'Antonin. Du reste on a trouvé, dans ce lieu, avec beaucoup d'urnes funéraires, des pièces de monnaie à l'effigie de divers empereurs.

A quelques pas du bourg actuel, on voyait jadis, sur un monticule qui domine la rivière, les ruines d'un château romain, que remplaça au moyen-âge un château détruit lui-même aujourd'hui. A trois cents pas de là existaient, dit-on, aussi les vestiges d'un camp romain (1).

Dans le bourg se trouvent encore deux inscriptions dont la forme accuse le second siècle de l'ère chrétienne : l'une, sur une pierre de 66 centimètres de long et de 52 centimètres de hauteur, taillée avec soin, faisait partie d'un temple érigé en l'honneur de Pluton :

    NVMINIBVS AVG*usti*
    FANVM PLVTONIS
    ANDECAMVLEN-
    SES DE SVO POS*vere*.

L'autre pierre dut être sur le piédestal d'une statue d'Hercule.

(1) *Feuille hebdomadaire* du 3 septembre 1788.

On y lisait autrefois :
 HERCVLI DEO
 TIB. IVN. IVLIANVS

Le temps a effacé la dernière moitié de la seconde ligne.

L'apôtre de l'Aquitaine ne dut pas oublier une ville païenne si voisine de Limoges. Il est donc probable que Andecamulum se convertit de bonne heure : peut-être fut-ce par les soins de saint Austriclinien, compagnon de saint Martial, et dont Rancon conserve des reliques. L'église ne remonte qu'au XII<sup>e</sup> siècle.

Dans le cimetière il existe un fanal, aussi du XII<sup>e</sup> siècle. Ce monument a 6 mètres 66 centimètres de hauteur sur 3 mètres 4 centimètres de circonférence. C'est à tort que Beaumesnil a vu dans ce fanal et dans les têtes grimaçantes disposées autour de l'église des restes d'un temple des druides. L'origine chrétienne de ces fanaux est positivement établie par un passage de Pierre-le-Vénérable. Quant aux têtes prétendues druidiques, ce sont tout simplement des modillons semblables à ceux qui existent en si grand nombre dans nos églises romanes.

La fête patronale, Saint-Pierre-ès-Liens, se célèbre le 1<sup>er</sup> août.

On vénère à Rancon, outre la relique de saint Austriclinien, une vertèbre de sainte Constance, vierge et martyre ; une autre vertèbre de sainte Victoire, aussi vierge et martyre ; un fragment d'os de saint Macaire, et enfin, *dit-on*, un autre de saint Thomas, apôtre.

Rancon était un des dix-huit archiprêtrés du diocèse, et un de ceux dont la juridiction était le plus étendue. Voici la liste des paroisses ou chapelles qui dépendaient de cette église ou de son annexe Bessines :

| | |
|---|---|
| Anglard. | Bazauge. |
| Arnac. | Beaune. |
| Arès. | Berneuil. |
| Azac-le-Paumat. | Bessines. |
| Balledent. | Boncuil. |
| Barsac. | Bonnac. |

Brediers.
Brigueil-le-Chantre.
Brugères.
Buxières-Rapin.
Carrieu.
Cazalibus.
Chateauponsac.
Chastelard.
Chies.
Cluzel.
Colonges.
Compreignac.
Crosmes.
Dinsac.
Doignon.
Dompierre.
Dorat (Le).
Drouille-Blanche.
Droux.
Folles.
Folventour.
Fromental.
Jouac.
Lagarde.
Lagarde-Rancon.
Lussac-les-Eglises.
Maignac-Saint-Pardoux.
Maillac.
Mazelle (La).
Meaussac.
Monismes.
Monte-Acuto (peut-être Mont-Aigu).
Moustier.
Montrogier.
Morteyrol.
Noz.
Oradour près Le Dorat.
Razès.
Rilhac-Rancon.

Roussac.
Saint-Amand.
Saint-Estienne-de-Fursac.
Saint-Estienne-de-Versillac.
Saint-Germain.
Saint-Germain-Beaupré
Saint-Georges-des-Landes.
Saint-Hilaire-la-Treille.
Saint-Léger-la-Montagne.
Saint-Léger-Bridareix.
Saint-Léger-de-Maignac.
Saint-Martin-le-Mauvais.
Saint-Maurice près La Souterraine.
Saint-Michel-de-Laurière.
Saint-Nicolas-de-Beaulieu.
Saint-Pardoux.
Saint-Pardoux près Razés.
Saint-Pierre-Châteauponsac.
Saint-Pierre-de-Fursac.
Saint-Pierre-la-Montagne.
Saint-Projet-la-Feuille.
Saint-Projet-le-Betoux.
Saint-Saturnin près Maignac.
Saint-Savin-de-Versillac.
Souterraine (La).
Saint-Sylvestre.
Saint-Symphorien.
Saint-Sulpice-les-Feuilles.
Saint-Sulpice-de-Laurière.
Tersannes.
Théolet.
Thouron.
Tillis.
Uzarat.
Vareilles.
Verneuil.
Vicairie de St-Michel, fondée dans le cimetière de Bessines.
Villefavars.
Voulon.

*(Extrait de la pancarte manuscrite des bénéfices du diocèse)*

On trouve dans la seconde croisade un Geoffroi de Rancon, qui, par son imprudence, compromit l'armée française, dont il commandait l'avant-garde (1).

« En quittant Laodicée, ville située sur le Lycus, les croisés avaient dirigé leur marche du côté de l'Orient, et s'avançaient vers la Pamphylie. L'armée française était divisée en deux corps, commandés chaque jour par deux nouveaux chefs, qui prenaient les ordres du roi. Chaque soir on arrêtait dans le conseil la route qu'on suivrait le lendemain, et le lieu où l'armée irait camper pendant la nuit. Un jour qu'on devait traverser une haute montagne, l'ordre avait été donné à l'avant-garde de s'arrêter sur les hauteurs, et d'attendre le reste de l'armée pour descendre le lendemain dans la plaine en ordre de bataille. Geoffroi de Rancon, seigneur de Taillebourg, commandait ce jour-là le premier corps des Français, et portait l'oriflamme ou l'étendard royal. Il arriva de bonne heure au lieu où l'on devait passer la nuit : ce lieu n'offrait pour retraite aux soldats que des bois, des ravins et des rocs sauvages. Au pied des monts se présentait à leurs yeux une vallée étendue et commode; la journée était belle; les troupes pouvaient, sans fatigue, marcher encore plusieurs heures. Le comte de Maurienne, frère du roi, la reine Éléonore et toutes les dames de sa suite qui avaient suivi l'avant-garde, pressèrent Geoffroi de Rancon de descendre dans la plaine. Il eut la faiblesse de céder à leurs instances; mais à peine fut-il descendu dans la vallée que les Turcs s'emparèrent des hauteurs qu'il venait de quitter, et s'y rangèrent en bataille.

» Pendant ce temps l'arrière-garde de l'armée, où se trouvait le roi, s'avançait pleine de confiance et de sécu-

(1) Michaud, *Histoire des Croisades*, T. II, p. 198--201.

rité ; en voyant des troupes au milieu des bois et des rochers, elle les prit pour des Français, et les salua par des cris de joie. Elle marchait sans ordre ; les bêtes de somme et les chariots étaient pêle-mêle avec les bataillons, et la plupart des soldats avaient laissé leurs armes parmi les bagages. Les Turcs, toujours immobiles, attendent en silence que l'armée chrétienne soit engagée dans des défilés ; lorsqu'ils se croient sûrs de la victoire, ils s'ébranlent en poussant des hurlements affreux, et se jettent l'épée à la main sur les chrétiens désarmés, qui n'ont pas le temps de se rallier. On ne peut décrire le désordre et la confusion de l'armée française. Au-dessus des croisés, dit un témoin oculaire, des rochers escarpés s'élevaient jusqu'aux cieux ; au-dessous, des précipices s'enfonçaient jusqu'aux enfers. Les menaces des Turcs, les cris des blessés et des mourants se mêlaient aux sifflements des flèches, aux hennissements des chevaux épouvantés, au bruit confus des torrents, au fracas des pierres détachées du sommet de la montagne et roulant dans les vallées. Dans cet effroyable tumulte, les chefs ne donnaient aucun ordre ; les soldats ne pouvaient plus ni fuir ni combattre. Cependant les plus braves se rallient autour du roi, et s'avancent vers le haut de la montagne. Trente des principaux seigneurs qui accompagnaient Louis périssent à ses côtés en vendant chèrement leur vie. Ce prince resta presque seul sur le champ de bataille, et se réfugia au pied d'un rocher, d'où il brava l'attaque des infidèles qui le poursuivaient. Adossé contre un arbre, il résista lui seul aux efforts de plusieurs Sarrasins, qui, le prenant pour un soldat, s'éloignèrent de lui pour courir au pillage. Si on en croit une vieille chronique, le roi de France, aux prises avec un si grand péril, eut la douleur d'entendre à ses côtés quelques-uns de ses barons qui ne le connaissaient point, et qui, parlant entre eux, lui reprochaient avec amertume les désastres de cette journée. Cependant la nuit était avancée, et les musulmans, craignant d'être attaqués ou surpris à leur tour par les croisés qui n'avaient pas encore combattu, abandonnèrent le théâtre de leur victoire. Ce fut alors que Louis, quittant son asile, monta sur un cheval abandonné, et rejoignit son avant-garde, qui pleurait sa mort.

» Après cette défaite, où le roi avait couru tant de dangers, le bruit de son trépas se répandit dans tout l'Orient, et parvint jusqu'en Europe, où il remplit les chrétiens et surtout les Français de douleur et d'effroi. Guillaume de Tyr, en racontant la défaite désastreuse des croisés, s'étonnait que Dieu, toujours plein de miséricorde, eût laissé périr si misérablement tant d'illustres guerriers armés pour sa cause.

» Les croisés qui formaient l'avant-garde de l'armée, en déplorant la mort de leurs frères, élevèrent leurs voix contre Geoffroi de Rancon, et demandèrent tous ensemble que tant de sang versé retombât sur lui. Le roi n'eut point assez de fermeté pour punir une faute irréparable, et ne se rendit au vœu des barons et des soldats qu'en leur donnant pour chef un vieux guerrier nommé *Gilbert*, dont toute l'armée vantait l'habileté et la bravoure. »

Aimeric de Rancon embrasse le parti du roi Louis VII contre le roi d'Angleterre en 1168 (1).

Hugues IX de Lusignan prenait le titre de comte de la Marche, de Bourgogne et de *Rancon* (2).

(1) Jouilleton, *Histoire de la Marche*, T. I, p. 153.
(2) Id., p. 163.

Guillaume de Rancon part avec Philippe-Auguste pour la troisième croisade (1190).

---

Le chevalier Geoffroi de Rancon, ayant reçu du comte de la Marche (Hugues X) une injure éclatante, « avait juré de ne point se faire couper les cheveux, comme les chevaliers, jusqu'à ce qu'il eût été vengé du comte, soit par lui-même, soit par tout autre, et que jusque là il porterait *grève*, c'est-à-dire qu'il aurait les cheveux longs et partagés sur le haut de la tête. Quand il vit le comte de la Marche, sa femme, ses enfants, demander miséricorde aux pieds du roi (St Louis, contre lequel il s'était révolté), il fit ôter sa grève, et couper ses cheveux, en présence du roi et de la cour (1) ».

---

Un titre de 1290 dit : « Orez que les Bretons se boutirent dans le castel de Rancon. M^re Pierre Mespin, gouverneur des terres de monseigneur, y envoya gens de Bellac, qui, par la grâce de Dieu, le reprindrent, et leur donna, pour somme de vin, 15 livres (2) ».

---

### LISTE DES CURÉS ET DES MAIRES DE RANCON (3).

*Curés.*

MM. Bonnin (Joseph-Jean), archiprêtre en       1787.
    Dufour, curé constitut., id., en 1791, 1792 et 1793.
    Daubin, curé en       1806, 1807, 1808 et 1809.
    Desmousseaux, de       1822 à 1835.

(1) Jouilleton, *Histoire de la Marche*, T. I, p. 183.
(2) *Feuille hebdomadaire* du 17 septembre 1788.
(3) Nous avons puisé cette liste dans les calendriers et les annuaires.

MM. Arégui, curé, de          1835 à 1838.
    Ruinaud, de               1838 à 1847.
    Arégui, de                1847 à 1849.
    Mazet.

*Maires.*

MM. Courdeau, de              l'an XIII à 1821.
    Courdeau (François), de   1821 à 1830.
    Jaroussier, de            1830 à 1835.
    Vacherie (Pierre), de     1835 à 1846.
    Jourdaneau, de            1846 à 1849.
    Valade.

---

Champagnac, désigné par Cassini sous le nom de *Château-Champagnac,* dans la commune de Bussière-Poitevine, n'avait d'importance que par son juge châtelain. Droit de justice, châtelain, château, tout a disparu : il ne reste plus qu'une métairie, à quelques pas sud-ouest des ruines du manoir féodal.

FIN.

## ERRATA.

Page 8, à la note, lisez : *Fait très-contestable*, qu'on établit *d'une manière vague*, etc.

Page 18, ligne 26, à la note, *Nectodunum*, lisez *Aetodunum*.

Page 34, 1ʳᵉ ligne des notes, au lieu de *Nadaud*, lisez *Legros*.

Page 43,          id.,          id,          id.

Page 52, ligne 11, lisez *Henri de Schomberg*, et non, comme nous avions cru devoir le rectifier d'après Michaud, *Gaspard*.

Page 59, ligne 16, au lieu de *Carénal*, lisez *Carennac*.

Page 96, ligne 13, lisez : *En* 1816, comme en 1814, en 1804 et en 1800.

Page 101, nous avons à tort attribué à M. Goutepagnou le plan du tribunal.

Page 145, au lieu de *liste des députés nés ou élus à Bellac*, lisez *liste des députés élus ou ayant domicile à Bellac*.

Même page, ajoutez à Rivaud, *plus tard un des Cinq-Cents*.

Même page, substituez à la ligne de points, *baron Ternaux*.

Page 149, au titre, lisez xiiiᵉ, xivᵉ et xvᵉ siècles.

---

Nous nous apercevons à l'instant que, en désignant quelques bienfaiteurs des frères de la Doctrine-Chrétienne de Bellac, nous n'avons parlé que des trois fondateurs et des souscripteurs étrangers à la localité.

Nous nous empressons de réparer cette omission bien involontaire en ajoutant que la majeure partie des habitants de Bellac se sont associés à cette bonne œuvre.

# TABLE.

|  | Page |
|---|---|
| Dédicace, | 3 |
| Préface, | 5 |

## PREMIÈRE PARTIE.

### Faits.

CHAPITRE I<sup>er</sup>. — Liste des comtes de la Marche, 7

CHAPITRE II. — Origine de Bellac; — 1<sup>er</sup> siège; — tableau du x<sup>e</sup> siècle, 16

CHAPITRE III. — Le dauphin Louis passe à Bellac en 1438; — peste, 30

CHAPITRE IV. — Second siége; — la Marche et le Limousin restèrent catholiques au xvi<sup>e</sup> siècle, 32

CHAPITRE V. — Passage d'Henri IV et de Louis XIII à Bellac, 50

CHAPITRE VI. — Bellac refuse de recevoir l'armée de la Fronde; — passage de La Fontaine et de Fénelon; — pacte avec les brigands de Chalusset, 53

CHAPITRE VII. — *De 1791 à 1793.* — Fondation de la société des *Amis de la constitution;* — liste des présidents de cette société; — lettre des volontaires partis de Bellac à cette même société; — réponse du président; — lettre adressée par Lacroix et Rivaud, députés de la convention, au club de Bellac; — fête de la Raison à Bellac. 61

## DEUXIÈME PARTIE.

### Institutions et monuments.

CHAPITRE I<sup>er</sup>. — *Institutions civiles.* — Chartes; — renouvellement des terriers; — assemblées du ban et arrière-ban; — création de l'élection; — création des consuls, des foires et des marchés; — tribunal; — maréchaussée; — octroi; — officiers de police; — juridiction des eaux et forêts; — juge du point d'honneur; — sous-préfecture, 77

CHAPITRE II. — *Monuments civils.* — Hospice; — palais de justice; — inscription du xvii<sup>e</sup> siècle; — découverte d'objets antiques, 99

CHAPITRE III. — *Institutions religieuses.* — Confrérie de Saint-Nicolas, nommée plus tard communauté des prêtres de Notre-Dame ; — confrérie du Saint-Sacrement ; — recollets ; — collége ; — confrérie de Notre-Dame-des-Agonisants ; — sœurs de Rouen ; — filles de l'Union-Chrétienne ; — confrérie des Pénitents-Blancs ; — sœurs de la Croix ; — sœurs de la Sagesse ; — frères de la Doctrine-Chrétienne ; — juifs à Bellac, 103

CHAPITRE IV. — *Monuments religieux.* — Eglise de Saint-Sauveur ; — église de Notre-Dame ; — Saint-Martin de La Gasne ; — Vacqueur ; — Notre-Dame de Lorette ou de Vadat ; — chapelle de Saint-Jean-Baptiste, 115

## TROISIÈME PARTIE.

### Hommes de lettres, magistrats, etc.

Audebert (Etienne) ; — Audebert (Jean) ; — Audebert (Pierre) ; — Claveau (Philippe) ; — Gallicher (Martial) ; — Genebrias (Léonard) ; — Guérin ; — Jollivet (Jean) ; — Jollivet (N.) ; — Luchapt ; — Mallebay de La Mothe ; — Mallevaud (Jean de) ; — Poucharaud (François) ; — Roy ou Reys ; — Tournois (Jean-Baptiste) ; — Arbellot (Pierre) ; — Berton (Elie) ; Goujaud (Victor), 133

Liste des députés élus ou ayant domicile à Bellac ; — des sous-préfets ; — des présidents du tribunal ; — des maires ; — des curés, 145

## QUATRIÈME PARTIE.

### Pièces originales relatives à l'histoire de Bellac.

A. *Des chastellenies de Bellac, Rancon et Champagnac :* XIII$^e$, XIV$^e$ et XV$^e$ *siècles.*

CHAPITRE I$^{er}$. — Hugues XI de Luzignen donne en appanage à son fils Guillaume les chastellenies de Bellac, Rancon et Champagnac, 149

# TABLE.

Chapitre II. — De qui ont relevé les chastellenies de Bellac, Rancon et Champagnac, 155

Chapitre III. — Guillaume de Valence, seigneur de Bellac, Rancon et Champagnac, 157

Chapitre IV. — Guillaume de Valence le jeune, seigneur de Bellac, Rancon et Champagnac, 165

Chapitre V. — Aymar de Valence sieur de Bellac, etc., 166

Chapitre VI. — Marie de Chatillon, autrement de St-Paul, comtesse de Pembroc, dame de Valence, Bellac, etc., 170

Chapitre VII. — Louis II, duc de Bourbon, comte de Clermont, de Forêts et de Château-Chinon, seigneur de Beaujeu et de Dombes, pair et grand-chambrier de France, seigneur de Bellac, etc., surnommé le Bon, 171

Chapitre VIII. — Bureau, sieur de la Riviere et des chastellenies de Bellac, etc., 174

Chapitre IX. — Comment Bureau de La Riviere, sieur de Bellac, Rancon et Champagnac, fut maltraité par l'envie des grands du royaume, 177

Chapitre X. — Jean de Bourbon, comte de la Marche, de Castres et de Vendome, seigneur des chastellenies de Bellac, etc., 181

Chapitre. XI. — Jacques de Bourbon, roi de Hongrie, de Jérusalem et de Sicile, de Dalmatie, de Croatie, de Rome, de Servie, Gallicie, Lodomerie, Comanie et Bulgarie; comte de la Marche, de Castres, de Provence, de Forcalquier et de Piedmont; seigneur de Montagu, de Bellac, etc., 183

Chapitre XII. — Jean de France, duc de Berri et d'Auvergne, comte de Poitou, Saintonge, Angoulême, Etampes, Boulogne, Montpensier, Macon; seigneur de Bellac, etc., 184

Chapitre XIII. — Bernard d'Armagnac, comte de Perdiac, de Castres et de la Marche, seigneur de Bellac, etc., 186

Chapitre XIV. — Jacques d'Armagnac, duc de Nemours, comte de la Marche, seigneur de Montagu en Combraille, de Bellac, etc., 186

B. — *Coustumes de Bellac*, 188
C. — *Esdit de création du tribunal*, 198
D. — *Lettre d'un consul de la ville de Bellac à Turquant*, 202

|   |   | Page |
|---|---|---|
| E. — *Edit qui soumet les appels du tribunal de Bellac au parlement de Paris,* | | 227 |
| F. — *Vision,* | | 230 |
| G. — *Du naturel du peuple de Bellac,* | | 232 |
| Notes sur Rancon et Champagnac, | | 234 |
| Errata, | | 242 |

# LISTE DE MM. LES SOUSCRIPTEURS.

MM.

ARDELLOT, prêtre, secrétaire général de la Société Archéologique du Limousin, à Limoges.

ABDANT (Maurice), archiviste de la ville de Limoges.

ARÉGUI, aumônier des sœurs de Marie-Joseph, au Dorat.

AUDOIN (Martial), avocat, à Limoges.

AUDOUIN, ancien maire de Limoges, à Limoges.

AUTOURDE, notaire et maire, à Cuzion (Indre).

BANDEL, curé de Saint-Sulpice-les-Feuilles.

BARRIER, ancien vicaire de Bellac, curé de Peyrat près Bellac.

BEISSAT, docteur-médecin, à Bellac.

BÉREIX (M<sup>me</sup> de), à Béreix, commune de Blond.

BERNARD, clerc minoré, au grand séminaire de Limoges.

BERNARD, ancien vicaire de Bellac, curé de Bussière-Boffi.

BERTIN (Jean-Baptiste) jeune, peintre, à Bellac.

BERTRAND, supérieur du petit séminaire d'Agen.

BERTRAND, vicaire, à Felletin.

BERTRAND, huissier, à Bellac.

BIBLIOTHÈQUE chrétienne de Limoges.

BIJEU (M<sup>me</sup>) née GENEBRIAS-DESBROSSES, à Poitiers.

BLONDET, vicaire à St-Michel de Limoges.

BONNET (El.), sous-diacre, au grand séminaire de Limoges.

BONNET (Louis-Auguste), vicaire à St-Pierre de Limoges.

BOSQN (Victor), pharmacien, à Aubusson.

BOUCHARDY, professeur de philosophie à l'institution de Felletin.

BOULGON, professeur d'histoire au lycée de Limoges.

BOUTEILLE, clerc tonsuré, au grand séminaire de Limoges.

BOUTINEAU-GRANDPRÉ, curé de Compreignac.

BRISSET, maire de Bellac.

BURDIN (DE), archiviste du département de la Hte-Vienne, à Limoges.

BUSSIÈRES (Auguste), né à Bellac, à Peytaveau.

CARRIÈRE, professeur de mathématiques au petit séminaire du Dorat.

MM.

Cessac de (Télémaque), ancien professeur de mathématiques, au Grand-Bourg.
Chapelle, prêtre, ancien professeur de philosophie, à Aixe.
Charpentier (Marie), religieuse, à Bellac.
Charreyre, professeur de musique, à Limoges.
Charreyron (Gédéon), avocat, à Bellac.
Chassain (Etienne), à Limoges.
Chassat, boulanger, à Bellac.
Chaumanet, à Felletin.
Chaussade, curé de St-Priest-Ligoure.
Chausserie-Laprée (Pierre), né à Bellac, notaire à Magnac-Laval.
Chausserie-Laprée (Henri), à Bellac.
Chevalier, curé de Sainte-Marie, à Limoges.
Cohade, clerc minoré, au grand séminaire de Limoges.
Conçaix (Jacob), négociant, à Felletin.
Coque, vicaire à Ste-Marie de Limoges.
Coutureau (Léon), libraire, à Bellac.
Crouzaud, employé de l'enregistrement, né à Bellac.
Daniel, vicaire, à Felletin.
Daubain (Pierre), né à Bellac, notaire, à l'Isle-Jourdain.
Daure, diacre au grand séminaire de Limoges.
Delarbeyrette, curé de Blanzac.
Delor, curé de St-Pierre, à Limoges.
Dérochet (Antoine), à Felletin.
Desal, supérieur de l'institution de Felletin.
Deschamps, ancien vicaire de Bellac, curé des Cars.
Deschaumes, curé de Berneuil.
Desgranges, receveur de l'enregistrement, à St-Junien.
Descoutures (Mathias), à Limoges.
Despouges fils, à Berneuil.
Dhéralde (Léon), négociant, à Limoges.
Divernersse, prêtre, professeur, à Agen.
Dosson, maître de musique à l'institution de Felletin.
Doreau, ancien vicaire de Bellac, curé de Nantiat.
DuBoys père, pharmacien, à Limoges.
DuBoys (Auguste), pharmacien, à Limoges.
Duboys, conservateur de la bibliothèque, à Limoges.
Duchiron, curé de Cieux.

## LISTE DE MM. LES SOUSCRIPTEURS.

MM.

Duclos père, à Bellac.
Dufal, curé de St-Pierre-le-Bost.
Dupic, propriétaire, à Felletin.
Fargeau (Louis), vicaire, à St-Yrieix-la-Perche.
Fargeau (Antoine), négociant, à St-Léonard.
Fargeaudon, curé de St-Martial-le-Vieux.
Feigneux, clerc tonsuré, au grand séminaire de Limoges.
Florand, professeur de seconde à l'institution de Felletin.
Fontey, aumônier du Bon-Pasteur, à Limoges.
Foureau (Théodore), à Felletin.
Fourton, curé de St-Priest-la-Feuille.
Frères (les) de la Doctrine-Chrétienne, à Bellac.
Fuzibay-Lafond, ancien avoué, à Bellac.
Garrassus, prêtre, à Rancon.
Génébrias (Alcide), propriétaire, à Frédaigue près Bellac.
Genebrias-Desbrosses, avocat, à Bellac.
Génébrias-Goutepagnon (Charles), avocat, à Bellac.
Génébrias-Goutepagnon (Henri), avocat, à Bellac.
Grateyrolle (Urbain), notaire, à Nouic.
Grellet-Dumazeau, conseiller à la cour d'appel de Limoges.
Hervy (Hippolyte), vicaire, à Bellac.
Jamot, clerc minoré, au grand séminaire de Limoges.
Joyeux, id., id., id.
Junien, clerc tonsuré id., id.
Labeige (Mme Ve), à Bellac.
Labetoulle, sous-diacre, né à Bellac, au grand séminaire de Limoges.
Lacoste, clerc tonsuré, au grand séminaire de Limoges.
Lacoudre, propriétaire, à Bellac.
Lacoudre (Victor), propriétaire à Peyrat près Bellac.
Lageat, clerc tonsuré, au grand séminaire de Limoges.
Lagrange, diacre, né à Bellac, au grand séminaire de Limoges.
Lagrange (M.), sous-diacre, au grand séminaire de Limoges.
Lafergue, professeur à l'institution de Felletin.
Larant, maître d'hôtel, à Bellac.
Lascaux, vicaire, à Chambon.
Lascaux, chanoine honoraire, vicaire à la cathédrale de Limoges.
Laval, professeur à l'institution de Felletin.
Lecour, prêtre, économe à l'institution de Felletin.

## LISTE DE MM. LES SOUSCRIPTEURS.

MM.

Lécuyer, ancien vicaire de Bellac, curé de La Croix.
Lefaure, sous-diacre, au grand séminaire de Limoges.
Lheureux, sous-diacre, au grand séminaire de Limoges.
Liron, percepteur de Berneuil, à Bellac.
Mairie (la) de Bellac.
Malabar, professeur à la maîtrise, à Limoges.
Mallebay (Aristide), greffier en chef du tribunal de Bellac.
Massias (A.), propriétaire, à Bellac.
Mathivet, curé de Peyrilhac, né à Bellac.
Mazet, curé de Rancon.
Mérigot, ancien curé de Bellac, chanoine, à Limoges.
Merlin, clerc minoré, né à Bellac, au grand séminaire de Limoges.
Migeon, prêtre, professeur à l'institution de Felletin.
Montazaud, curé de Balledent.
Moreau, clerc tonsuré, né à Bellac, au grand séminaire de Limoges.
Moufle, prêtre, professeur à l'institution de Felletin.
Mounier, clerc minoré, au grand séminaire de Limoges.
Mureau (du)       id.,            id.
Nadaud, premier président honoraire de la cour d'appel de Grenoble.
Navières, à Lacouture, commune de Blond.
Neveu, supérieur général des sœurs de Marie-Joseph, au Dorat.
Nedde de (Maurice), propriétaire, à Nedde.
Nicole, clerc tonsuré, au grand séminaire de Limoges.
Nouailher, ancien maire de Limoges, à Berneuil.
Noualhier (Adolphe), à Limoges.
Panissat, juge au tribunal de Bellac.
Papon, clerc d'avoué, né à Bellac.
Papon, bottier, à Bellac.
Pariset, aumônier de l'école normale de Guéret.
Pataux, prêtre, professeur à l'institution de Felletin.
Paufique, clerc tonsuré, au grand séminaire de Limoges.
P. A. M., sous-diacre,            id.
Peyroux, clerc minoré,            id.
Pignier, marchand-tailleur, à Bellac.
Pinchon, clerc minoré, au grand séminaire de Limoges.
Polier, professeur à l'institution de Felletin.
Raboisson, ancien professeur de mathématiques, curé de Cressat.
Raffard, bottier, à Bellac.

# LISTE DE MM. LES SOUSCRIPTEURS.

MM.

Religieuses de St-Roch, à Felletin.
Religieuses     id.,    à Aubusson.
Religieuses     id.,    à Treignac.
Religieuses     id.,    à Crocq.
Renard, clerc tonsuré, au grand séminaire de Limoges.
Ribault-Lagasne (Louis), propriétaire, à Bellac.
Richard, clerc tonsuré, au grand séminaire de Limoges.
Richen, avoué, à Aubusson.
Rimbault, vicaire de Sainte-Marie, à Limoges.
Romanet (de), curé de Vaulry.
Rouard de Tarn, directeur de la maîtrise, à Limoges.
Rouel, instituteur à Berneuil.
Rouffignac, prêtre, à Limoges.
Rouffignac (M<sup>me</sup> veuve), à Bellac.
Rougier (Louis), propriétaire, à St-Germain-les-Belles, né à Bellac.
Rougier (Auguste), diacre, au grand séminaire de Limoges.
Rougier (Léon), négociant, à Paris.
Rougier (Frédéric), négociant, à Bellac.
Rougier (M<sup>lle</sup> Louise), à Bellac.
Sabourdy, horloger, à Bellac.
Southon, ancien secrétaire du préfet de la Haute-Vienne, à Jarnages.
Tandaud de Marsac (Henri), à Brignac, près St-Léonard.
Tandaud de Marsac (Armand), avocat, à Limoges.
Tardy (Firmin), à Bellac.
Texier, supérieur du petit séminaire du Dorat.
Theillou, sous-diacre, au grand séminaire de Limoges.
Tissier (Frédéric), fabricant de tapis, à Felletin.
Tournois, clerc de notaire, à Bellac.
Trapet, professeur au petit séminaire d'Agen.
Vanginot (Emile), professeur de dessin à l'institution de Felletin.
Verger, sous-diacre, au grand séminaire de Limoges.
Vernet, ancien vicaire de Bellac, curé de St-Jouvent.
Vignaud (Emile), employé dans les contributions indirectes, né à Bellac.

---

LIMOGES. — IMPRIMERIE DE CHAPOULAUD FRÈRES.

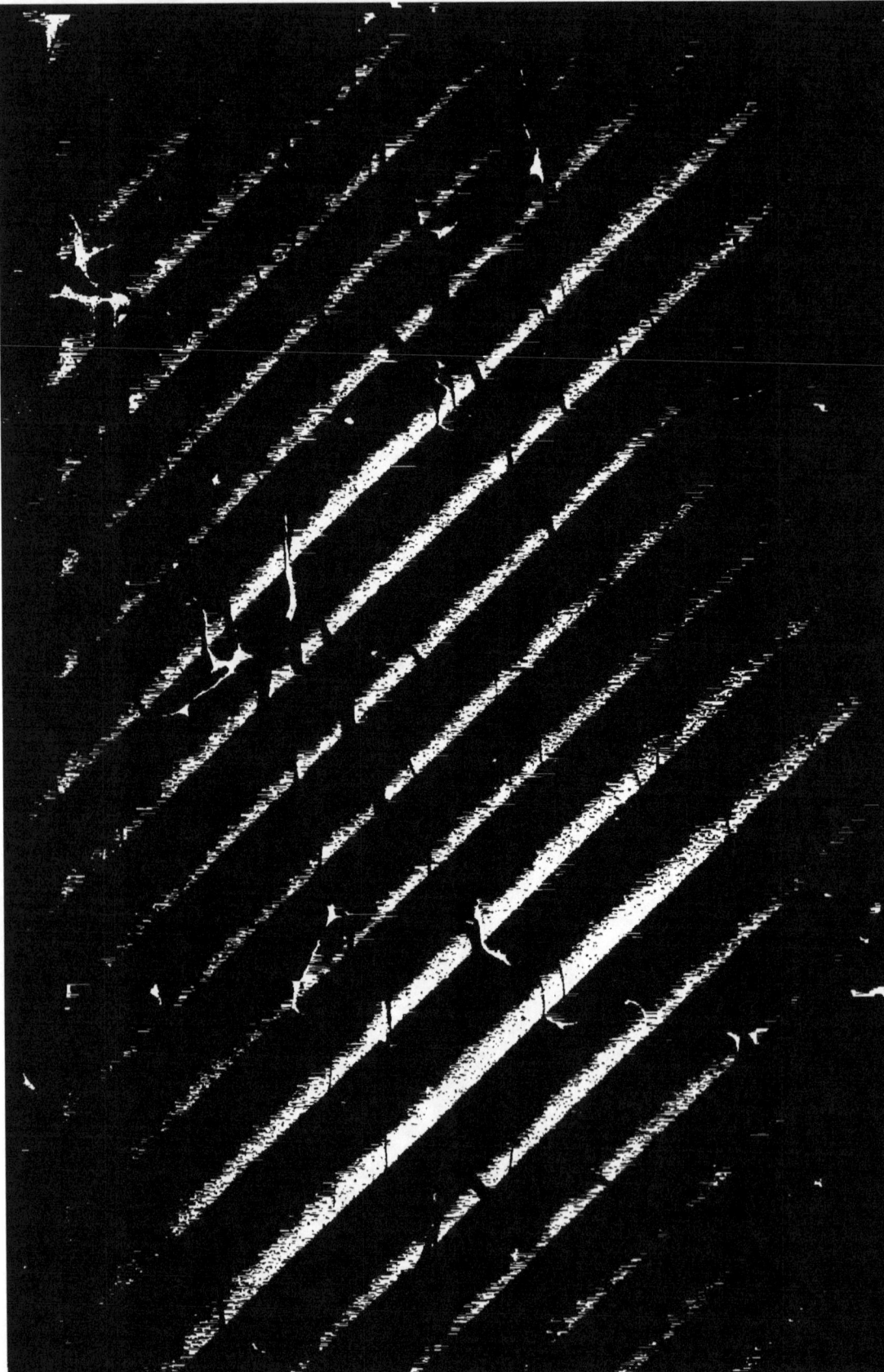

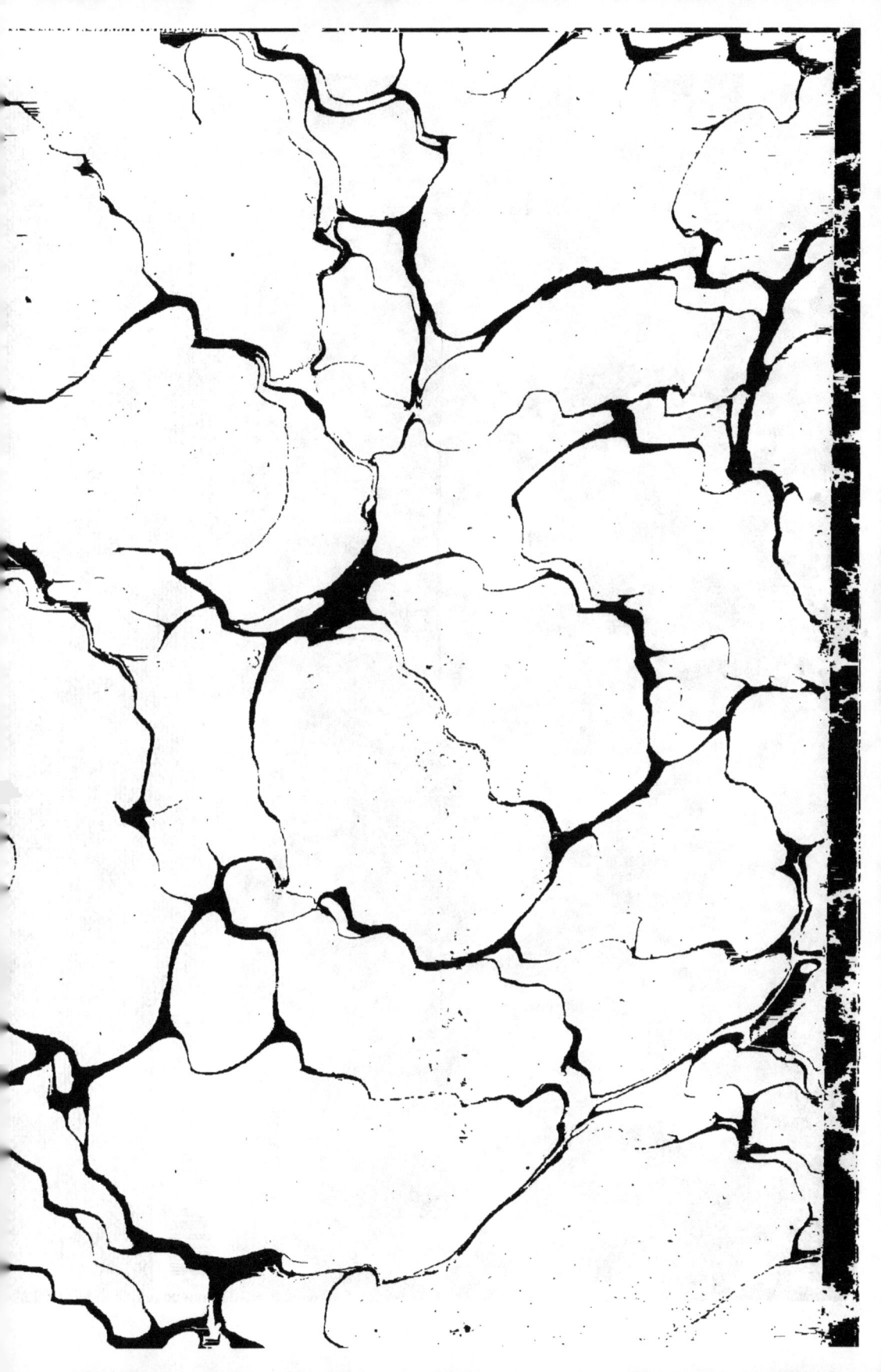

www.ingramcontent.com/pod-product-compliance
Lightning Source LLC
Chambersburg PA
CBHW050326170426
43200CB00009BA/1480